Karl Zerle

Natürliche Autorität im Klassenzimmer

Körpersprache gezielt einsetzen –
souverän mit Störungen umgehen –
erfolgreich unterrichten

verlag

Bitte beachten Sie:
Aufgrund der besseren Lesbarkeit werden in diesem Buch zumeist die männlichen Formen verwendet. Wenn zum Beispiel von „Schüler" die Rede ist, ist selbstverständlich auch immer die Schülerin mit gemeint.

Impressum

Natürliche Autorität im Klassenzimmer

Karl Zerle unterrichtete 30 Jahre lang an einer Knabenrealschule mit Internat in Bayern. Im Unruhestand begleitet er seit 2010 als psychologische Fachkraft einzelne Schüler im Rahmen der Inklusion. Dabei darf er eine Vielzahl von Kolleginnen und Kollegen bei der Arbeit beobachten. Für die Akademie des BLLV hält er als Referent vor Ort bayernweit Vorträge und Workshops darüber, wie Unterrichten durch natürliche Autorität leichter wird. Daneben betreut er als Leistungs- und Mental-Trainer Sportler im Schießsport.

2. Auflage 2017
© 2016 AOL-Verlag, Hamburg
AAP Lehrerfachverlage GmbH
Alle Rechte vorbehalten.

Veritaskai 3 · 21079 Hamburg
Fon (040) 32 50 83-060 · Fax (040) 32 50 83-050
info@aol-verlag.de · www.aol-verlag.de

Redaktion: Kathrin Roth
Layout/Satz: Satzpunkt Ursula Ewert GmbH, Bayreuth
sämtliche Illustrationen: © Karl Zerle
Coverfoto: © Robert Kneschke – Fotolia.com

ISBN: 978-3-403-10399-8

Engagiert unterrichten. Natürlich lernen.

Inhalt

Lehrer sein – ein Vorwort

Also gut, Sie haben sich für ein Leben als „fauler Sack" entschieden (Zitat Gerhard Schröder). Sie wollen vormittags recht und nachmittags frei haben. Dazu natürlich mindestens ein halbes Jahr bezahlten Urlaub. Mit anderen Worten: Sie haben den Beruf des Lehrers gewählt.

Habe ich eine der gängigen Beleidigungen vergessen? Dann bitte nach Lust, Laune und Erinnerungsvermögen ergänzen.

In den ersten Jahren meiner Zeit als Realschullehrer habe ich bei solchen Vorwürfen geschäumt. Der innerlich verwendete Wortschatz war definitiv nicht sozialverträglich.

Dann kam die Zeit der Belehrungen. Hier ein Beispiel: Als das Stundenmaß für Realschullehrer (Fach Englisch) in Bayern auf 23 Unterrichtsstunden pro Woche festgelegt wurde, galt für Industrie und Handwerk die 42-Stunden-Woche. Sachverständige waren der Meinung, damit wäre zeitlich ein gleicher Arbeitsaufwand für die Lehrer gegeben (inklusive Urlaub/Ferien-Vergleich). Heute werden 38,5 bis 40 Stunden am Band gearbeitet, dafür wurde die Unterrichtszeit auf 24 Stunden erweitert. Dies nur am Rande.

Gebracht hat diese Argumentation nichts. Wenn nämlich der Bauarbeiter den Herrn Lehrer nachmittags um 3 Uhr beim Tennisspielen sieht, so merkt er sich das. Die Stunden am Schreibtisch finden ja unter Ausschluss der Öffentlichkeit statt. (Ich kenne eine Schule, an der die Lehrkräfte in einer Konferenz definitiv aufgefordert wurden, Tennisplatz und Freibad nicht vor 17 Uhr aufzusuchen.)

Bei Frauen wurde das zumindest früher weniger negativ eingeordnet, die betrieben das „Schule-Halten" ja sowieso nur als Beschäftigungstherapie bis zur Heirat.

Stimmt, diese Beleidigung hatte ich am Anfang übersehen. Dabei hat ausgerechnet diese sogar historische Hintergründe: Noch bis etwa 1950 mussten Lehrerinnen zölibatär leben, wie Priester. Bei Verheiratung wurden sie aus dem Schuldienst entfernt.

Aber zurück zum Thema. Nach der Belehrungsphase kam die ironische. „Hättest du etwas Gescheites gelernt, dann hättest du es auch so schön!" Oder: „Intelligenz zeigt sich auch bei der Berufswahl."

Seit vielen Jahren habe ich das ultimative Argument gefunden. Ich frage solche Leute, warum sie nicht selbst Lehrer geworden sind. Die Antwort „Habe kein Abitur" lasse ich nicht gelten. Das kann man nachholen. Manchmal genügt auch die mittlere Reife. Also warum nicht Lehrer werden? Und hier – spätestens bei intensivem Nachbohren – kommt die Aussage: „Ich bin doch nicht wahnsinnig und stell mich in ein Klassenzimmer." Kommt das nicht von selbst, so male ich gerne ein Bild: „Stell dir vor, dass du 30 bis 40 Berufsjahre täglich testest, ob deine Nerven für 20 bis 35 Pubertierende reichen." Dazu erwähne ich blubbernde Hormone. Alternativ für Grundschullehrer: „Na ja, die Voraussetzungen sind schon sehr unterschiedlich. Es gibt immer wieder Kinder, die bis Weihnachten brauchen, um die wichtigsten Verhaltensweisen für die Schule zu lernen. Aber das sind ja in der Regel nur zwei Dutzend Schüler pro Klasse."

Dann kommt höchstens noch ein leichtes Grummeln. „Aber verdammt viele Ferien habt ihr." Und dem stimme ich zu. Dazu sage ich eher beiläufig den Satz: „Und die brauche ich auch. Willst du mal ein bisschen Gastunterricht halten?" 95 % der so Befragten lehnen entsetzt ab.

Sie haben sich also für einen nervenaufreibenden Beruf entschieden, der in der Öffentlichkeit nicht entsprechend gewürdigt wird. Im Übrigen sind Sie seit Ihrer Ausbildung in der Situation eines Diplombiologen, der an der Uni alles über die unterschiedlichen Tierarten gelernt hat. Mit diesem Wissen zieht er jetzt in den Dschungel, um es bei leibhaftigen Tieren und Pflanzen anzuwenden.

Dort allerdings begegnet er Wesen mit Reißzähnen und scharfen Krallen, mit Giftstacheln und Zwickzangen. Sie lächeln bei diesem Vergleich? Englische Lehrer bezeichnen das Klassenzimmer als „blackboard jungle" (= Tafel-Dschungel). Und Engländer sind eher für Untertreibungen bekannt. Gerade das aber macht den Beruf so interessant.

Stressig? Ja. Langweilig? Nie!

Warum aber lehnen es so viele Menschen, die Schule nur aus ihrer eigenen Erfahrung kennen, ab, trotz dieser scheinbar so herrlichen äußeren Rahmenbedingungen mit Kindern und Jugendlichen zu arbeiten? Wovor schrecken sie zurück?

In der Regel lautet die Antwort: „Kinder von heute haben doch keinen Respekt mehr." Das ist ein Schlüsselsatz, der einem zu denken gibt.

Gut, ich will zugeben, dass sich das Schüler-Lehrer-Verhältnis und umgekehrt in den letzten 50 bis 60 Jahren massiv geändert hat. Dieses heilige Dorf-Triumvirat, bestehend aus Pfarrer, Arzt und Lehrer, das früher die Honoratioren stellte, das gibt es in dieser Form nicht mehr. Und das „Fräulein", das meinesgleichen in der Grundschule unterrichtet hat (zölibatär!), ist längst einer modernen, selbstbewussten Frau mit oder ohne Partner/-in gewichen. Sogar die Lehrer an Gymnasien werden nicht mehr mit „Herr Professor" angeredet. Nein, das ist kein Ausflug zur „Feuerzangenbowle", das ist erlebte Realität in München um ca. 1960. Dafür ist die Pflichtkrawatte einer häufig so lässigen Kleidung gewichen, dass im Jahr 2014 an der Volksschule Kreuzlingen im Schweizer Kanton Thurgau ein Dresscode für Lehrer entwickelt wurde[1]. Man hielt es für angebracht.

Wozu dann überhaupt „Respekt"? Und das in einer Gesellschaft, in der im Grundschullehrplan Deutsch (2000, Bayern) noch vor Kurzem zu finden war, dass die Kinder in der Schule lernen müssen, „Bitte" und „Danke" zu sagen?

Damit sind wir beim springenden Punkt. Der Lehrer hat „von Hause aus" keine Autorität, er muss sich diese erarbeiten. Und sie soll natürlich wirken. Geht das?

Zu Beginn meiner eigenen Ausbildung als Referendar erhielten wir Besuch von erfahrenen Referendaren, die uns berieten. Sie wollten uns frisch von der Uni gekommenen Anfängern Tipps geben.

Dabei wurde auch die Frage gestellt: „Wie macht man das eigentlich, dass sich die Klasse so benimmt, wie man das gerne möchte?" Einer unserer beiden Berater lehnte sich zurück und meinte (ziemlich hochnäsig): „Das hat man oder man hat es nicht." Unsere Reaktion bestand in mehr oder weniger heftigem Zusammenzucken. Ich werde heute noch wütend über diese Aussage.

Sein Kollege sah, wie wir reagierten, und meinte etwas zögerlich: „Man kann natürlich schon so einige Grundbegriffe und Methoden lernen." Das war zumindest ein kleiner Trost.

[1] Vgl. http://www.nzz.ch/lebensart/stil/so-sollten-sich-lehrer-kleiden-1.18428872

Der Begriff „natürliche Autorität" suggeriert, dass es sich um eine Gottesgabe handelt, die nicht erlernt werden kann. Ich betone „kann".

Klar, es gibt diese Charismatiker, die man in ein Klassenzimmer lässt und die sich darin auf Anhieb wohlfühlen wie ein Fisch im Wasser. Das habe ich erst vor Kurzem in einer Ganztagesklasse, 8. Jahrgangsstufe, Mittelschule, erlebt.

Diese Klasse gilt als ausgesprochen schwierig. Der Referendar hatte darin in der 7. Stunde Vertretungsunterricht. Zu meinem größten Erstaunen verhielt sich die Klasse sogar ruhiger als in vielen Stunden bei ihrer regulären Lehrkraft.

Auf meine Frage, was er denn gemacht habe, um ein solches Wohlverhalten zu erreichen, zuckte er mit den Schultern und meinte: „Das hat man oder man hat es nicht." Da zuckte ich meinerseits, und zwar zusammen. Der Satz kam mir bekannt vor.

Diese Charismatiker sind Ausnahmen. Sie leben allerdings – nebenbei gesagt – stets in der Gefahr, irgendwann einen Zusammenbruch zu erleiden, wenn es mal nicht so klappt.

Eine Autorität, die natürlich wirkt, kann man sich erarbeiten. Durch eine Reihe von Maßnahmen und Techniken kann man erreichen, dass die Schüler Respekt zeigen und gleichzeitig Vertrauen zu ihrem Lehrer haben. Aber wie schon gesagt: Das fällt dem Normallehrer nicht in den Schoß. Vor den Lorbeer haben die Götter den Schweiß gesetzt.

Ist davon aber genug vergossen, so bleibt als Resultat „natürliche Autorität". Und die wird dann wirklich „natürlich", wenn das entsprechende Verhalten durch ständige Wiederholung immer mehr in Fleisch und Blut übergeht.

Der wichtigste Aspekt ist dabei Zuverlässigkeit. Damit ist nicht gemeint, dass der Lehrer täglich pünktlich zur Arbeit kommt, sondern ein vorhersehbares Verhalten (bei guten Leistungen, Erklärung folgt).

Für Autisten ist dieser Punkt extrem wichtig. Aber auch sogenannte Normalschüler wollen Sicherheit. Wenn wir ihnen die geben können, so vertrauen sie uns. Dazu gibt es einen hübschen Effekt: Reagieren Sie auf positives Verhalten (bzw. Leistung) immer nach einem ähnlichen Muster, so weiß der Schüler, was ihn bei Wohlverhalten erwartet.

Bei Verstößen gegen die Spielregeln sollten Sie hingegen versuchen, Ihr Verhalten so stark wie möglich zu variieren. Das verunsichert den potenziellen Bösewicht, weil er nicht weiß, was passieren wird, wenn er erwischt wird. Also lässt er seine Untaten eher ungeschehen.

Lassen Sie mich das an einem Beispiel erklären: Es gibt Problemschüler, die ausgesprochen lehrerspezifisch sind. Bei dem einen Lehrer führen sie sich auf wie Nachbars Lumpi. Ein zweiter Kollege meint zu Klagen im Lehrerzimmer aber ganz ruhig: „Na ja, der Peter ist schon ziemlich lebhaft. Aber wirkliche Probleme gibt es mit ihm nicht. Im Gegenteil, man kann den Peter ausgesprochen erfolgreich bei bestimmten Aufgaben einsetzen und in der Gruppenarbeit ist er ein hoch teamfähiger Mitarbeiter."

Ratlosigkeit beim ersten Lehrer. Ein janusköpfiger Schüler ist keine Seltenheit. Vielleicht ist der zweite Lehrer einfach konsequenter im Lob und unberechenbarer im Tadel. Es gibt Schüler, die immer wieder Terror machen, etwas anstellen, stören, weil sie wissen, was dann bei einem bestimmten Lehrer passieren wird. Positives Verhalten wird von diesem oft zu einfach als selbstverständlich hingenommen und nicht extra honoriert.

Der schwäbische Spruch „Ned gschumpfe is globd gnua" (= Nicht getadelt ist genug gelobt) darf in der Schule keinen Platz haben. Konsequente Führung mit Lob bei positiven Leistungen und Bestehen auf Einhaltung von Regeln – das führt zu Respekt und Vertrauen.

Wechselwirkung Lehrerhaltung – Schülerverhalten

In diesem Buch will ich versuchen, Ihnen ein Instrumentarium mit Typenkunde und Anleitung an die Hand zu geben, damit Sie den Schulalltag überleben. Gut, das werden Sie vermutlich auch so. Aber man muss nicht immer den harten Weg gehen. Eine Einschränkung mache ich jedoch von vornherein: Ich kann keine Patentlösungen anbieten. Pädagogik ist Erfahrungssache und weitgehend personengebunden.

„Wer alle Schüler gleich behandelt, ist ungerecht." Diesen Satz habe ich lange nicht verstanden; er stammt von meinem ersten Schulleiter. Aber der Mann hat recht. Doch, schon. Denn das gleiche Mittel kann bei drei verschiedenen Schülern drei unterschiedliche Effekte hervorrufen.
Nehmen wir doch mal das Beispiel der Einstellung zu den Hausaufgaben. Da gibt es die ganz fleißigen Schüler, die ausführlich und sauber arbeiten. Daneben noch Otto Normalschüler, der dieses Zeug halt so gut erledigt, dass er voraussichtlich keinen Rüffel kriegen wird. Und dann laufen noch Schüler herum, denen jeder Tadel auf gut Deutsch einfach Wurst ist. Hausaufgaben? Wieso denn nur? Was will dieser Lehrer eigentlich?
Im ersten Fall kann ein tadelndes Wort über einen Leichtsinnsfehler zu Tränen führen. Der zweite Schüler wird eine Rüge, auch wenn sie deutlich ausfällt, akzeptieren, weil das für ihn dazugehört. Beim dritten Schüler sollte man vielleicht besser mit der Wand reden. Die gibt wenigstens ein Echo.
Ein Schüler, der ständig seine Hausaufgaben fehlerhaft oder gar nicht hatte und dem jeder Tadel offensichtlich gleichgültig war, wurde von seiner Lehrerin dazu verdonnert, nach dem Unterricht noch eine Stunde dazubleiben, damit er unter Aufsicht seine Aufgaben machen konnte. (Selbstverständlich wurde die Mutter vorher schriftlich darüber informiert. Das ist – falls Sie neu im Geschäft sind – unbedingt erforderlich, aus rechtlichen Gründen, Aufsichtspflicht.) Diese Lehrerin blieb sowieso jeden Tag etwas länger und erledigte alle schulischen Aufgaben vor Ort.
Gut, die Stunde war vorbei. Was geschah dann? Der Schüler schaute seine Lehrerin mit strahlenden Augen an und fragte, ob er jetzt jeden Tag eine Stunde länger dableiben dürfe.

Weil die Lehrerin wusste, dass die Mutter alleinerziehend war und das Kind häufig nach Hause kam, wenn niemand da war, willigte sie ein. Wieder wurde alles schriftlich geregelt.

Diese Sache verlief so weiter, dass das Kind (nach telefonischer Absprache) hin und wieder als Strafe gleichzeitig mit den anderen Schülern die Schule verlassen musste.

Es ist also notwendig, Schüler unterschiedlich zu behandeln. Wichtig dabei ist, dass Sie Ihr Instrumentarium zur Steuerung der Schüler kennen und in etwa abschätzen können, welche Wirkung es hat. Darum werde ich im Folgenden immer wieder auf Körpersprache eingehen. Wussten Sie, dass 80 % der Wirkung einer Aussage nonverbal übermittelt werden? Zumindest gilt das für den interkommunikativen Bereich, also den Informationsaustausch zwischen mehreren Beteiligten.

Das ist wirklich interessant.

Und glauben Sie nicht, dass Kinder mit diesen körpersprachlichen Signalen nicht vertraut sind. Nach Chris CASWELL (2003) kennen sie den größten Teil bereits mit fünf Jahren. Und mit 12 bis 14 Jahren verstehen sie sie wie Erwachsene. Ausnahme: Asperger-Autisten. Diese sind vor allem nicht transferfähig und müssen dieselben Signale in unterschiedlichen Situationen stets neu erklärt bekommen. (Das ist eine eigentlich unzulässige Kurzfassung, das gebe ich gern zu. Sie trifft aber das für Sie Wesentliche.)

Weil gerade das Stichwort gefallen ist: Asperger-Autisten. Wenn Sie die Möglichkeit haben, eine Schulung über den Umgang mit diesen Schülern mitzumachen, so nutzen Sie diese!

Eine Realschule, an der ich als Schulbegleiter eines solchen Jugendlichen tätig war, bot mir die Möglichkeit, einen Vortrag für Lehrer zur Problematik im Bereich Schule zu halten. Dazu muss man wissen, dass in derselben Jahrgangsstufe insgesamt drei Asperger-Autisten waren. Sie waren auf drei Klassen aufgeteilt, zwei hatten je einen Begleiter, der dritte nicht.

Ein Lehrer sprach mich am nächsten Tag an. Er sagte sinngemäß: „Ich bin der Mann mit dem Asperger ohne Begleitung. Ihre Ratschläge habe ich befolgt. Ich hatte in dieser Klasse noch nie so saubere und vollständige Einträge bei allen Schülern." Es kann sich also lohnen, sich intensiver mit der Thematik auseinanderzusetzen.

Auch für den Umgang mit „normalen" Schülern sei Folgendes gesagt: Selbst wenn ich nicht für jede Situation eine sichere Lösung anbieten kann, ein paar allgemeine Aussagen zu Aktion und Reaktion lassen sich durchaus treffen. Denken Sie an Ihre eigene Schulzeit.

Die Klasse – also Sie und Ihre Mitschüler – ist gerade in einer Null-Bock-Phase. Dann kommt eine Lehrkraft, die ausgesprochen langweiligen und monotonen Unterricht verbricht. Haben Sie die Situation selbst erlebt? Und?

Die sozial verträglichste Schülerreaktion besteht hier aus Nägel lackieren und Papierflieger bauen (oft auch mit Testflügen). Ach so, derartige Dinge haben Sie nie gemacht ... Eigentlich schade. Denn merke: Gute Diebe werden die besten Polizisten.

Und die Lehrkraft? Vermutlich resigniert sie ein Stückchen weiter und stellt fest, dass „mit diesen Schülern kein vernünftiger Unterricht möglich ist." Hier die wörtliche Aussage eines Gymnasiallehrers (Kollegstufe, Grundkurs Deutsch, 6. Stunde): „Dann halten wir halt wieder einmal eine Vorlesung. Was anderes ist bei denen ja nicht drin." Nun, vielleicht lag es wirklich nur an den Schülern. Zugegeben, Freitag, 6. Stunde, Grundkurs Deutsch: Das ist Schwerarbeit und grenzt an Fron.

Noch ein Beispiel: Die Klasse ist unruhig und schwer motivierbar.
Und die Lehrkraft steht <u>so</u> vor den Schülern!

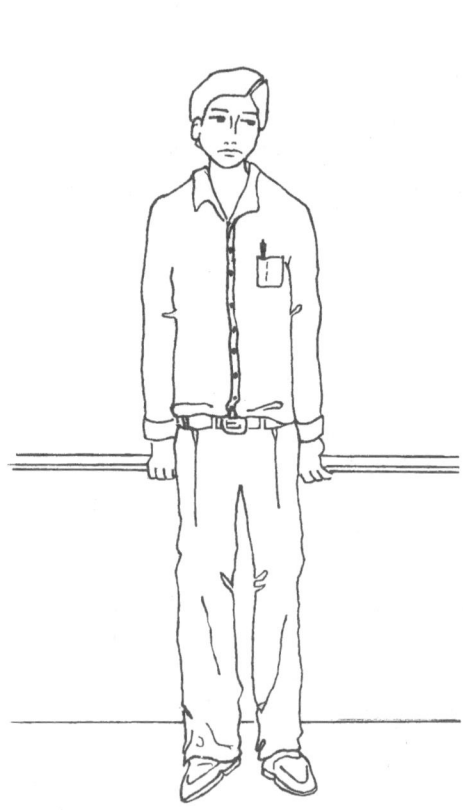

Alles klar? Hier kann man darauf wetten, dass dieser arme Kerl größte
Schwierigkeiten mit der Disziplin bekommt. Logisch. Fatal: Der entstehende
Hauch von Anarchie bleibt in der Luft hängen und beginnt sofort zu wirken,
wenn die Klasse und diese Lehrkraft wieder zusammentreffen.
Man kann natürlich vorbeugende Maßnahmen treffen. Sie stellen am Beginn
der Stunde fest: „Dieses Thema ist wirklich spannend!!!" Sprechen Sie diesen Satz bitte laut aus, einmal mit und einmal ohne Rufzeichen. Das macht
schon einen Unterschied. Und das Gleiche jetzt bitte mit dem Satz: „Bei
Disziplinlosigkeit werde ich sofort durchgreifen!"

Nun? Sie betonen wirklich eindrucksvoll, Kompliment. Das hätten Sie sich aber sparen können. Denn für Zyniker sind solche Aussagen ideal und werden (vor allem die zweite) gerne als Herausforderung verstanden. Und kommen Sie mir nicht mit dem Einwand „Aber es sind doch Kinder!" Ich verrate Ihnen jetzt ein offenes Geheimnis: Es gibt Kinder, die sind körperlich gerade erst zehn Jahre alt. An Zynismus gemessen liegen sie aber zwischen 30 und 40. Und genau das werden Sie zu spüren bekommen.

Versuchen Sie es anders: Sagen Sie nichts von „spannend". Teilen Sie Ihren Inhalt stattdessen mit nonverbalen Mitteln mit. In der Grundschule kann das bereits eine kleine Pause im Satz und ein geheimnisvoller Tonfall sein. Die Kinder sind gefesselt, vor allem, wenn die Lehrkraft dabei eine „Verschwörerhaltung" einnimmt. (Schultern etwas nach innen gezogen, Kopf leicht gesenkt, verschwörerische leise Stimme. Probieren Sie das mal vor dem Spiegel.)

Das Wort „spannend" wird nicht erwähnt. Die Kinder entnehmen es aus dem geheimnisvollen Getue selbst und akzeptieren es damit.

Eine andere Situation, diesmal zur Disziplin: Herr Braun kam neu in eine Klasse (Mittelschule, 8. Klasse, Nachmittagsunterricht). Nach etwa fünf Minuten (er hatte sich gerade vorgestellt und mit dem Jahresprogramm begonnen) gähnte ein Schüler ostentativ und legte die Füße auf den Tisch. Herr Braun sprach ruhig weiter, öffnete in seiner Nähe ein Fenster und bat den Schüler, dort Platz zu nehmen, weil er Sauerstoff brauche. Der war so verblüfft, dass er der Aufforderung nachkam. Als er sich in der Stunde am nächsten Tag auch nur bequem zurücklehnte, hob dieser Lehrer sehr deutlich die Augenbrauen, deutet mit einem Finger auf den Schüler und mit der anderen Hand zum Fenster. Folge: Ein kurzes Grinsen und dann normgerechtes Verhalten.

Was war geschehen?

Herr Braun hatte zu keinem Zeitpunkt etwas von Strenge gesagt. Er hatte auf eine schwierige Sache kurz und mit einem Hauch von Witz reagiert und beim Ansatz zum zweiten Versuch mit rein körpersprachlichen Mitteln gezeigt, dass er zur Konsequenz neigt. Diesen Schluss hatte der Schüler selbst

15

gezogen und damit akzeptiert. Ab diesem Moment hatte er Vertrauen zu Herrn Braun und ließ sich vielfältig bei Organisationsaufgaben einsetzen. Dieser Nebeneffekt war höchst erfreulich.

Und durch die kleinen Jobs erhielt der Junge das zusätzliche Maß an Aufmerksamkeit, das er offenbar brauchte.

Randbemerkung: Er war einer der Leithammel der Klasse.

Warum sollte man versuchen, die Klasse an der kurzen Leine zu führen und Ausreißer sofort einzufangen? Ist das autoritär? (Sie selbst schrecken vor diesem Begriff offenbar nicht in einem bedingten Reflex zurück. Sonst hätten Sie dieses Buch nicht gekauft.)

Aus einem bestimmten Blickwinkel sicher. Es entspricht jedoch der Erwartungshaltung der Schüler. Chris CASWELL (2003) hat Schüler zum Thema „Was erwartet ihr von eurem Lehrer?" befragt. Nach Wichtigkeit, von oben nach unten sortiert, lauteten die Antworten der Kinder und Jugendlichen so:

- wirkungsvolle Kontrolle der Klasse
- Fairness
- Höflichkeit
- Fachwissen zeigen
- genau sein
- Begeisterung zeigen

Vorrangig wird also wirkungsvolle Kontrolle verlangt. Ein Schüler (Mittelschule, 9. Klasse) war aus seiner Klasse gewiesen worden und saß bei mir im Nebenraum. Als aus seinem Klassenzimmer exzessives Geschrei zu hören war, bezeichnete er die Lehrerin im Nebenraum halblaut als Flasche. Ich fragte ihn, wie er das meine. Die wörtliche Antwort war: „Sie kann den Haufen nicht kontrollieren."

Solche Situationen können nur an prinzipiell autoritär geführten Schulen entstehen? Wer sagt das? Kennen Sie Summerhill? Diese englische Privatschule galt viele Jahre lang als Musterbeispiel für Schülerdemokratie. Das ist sie auch heute noch. Alle schulspezifischen Entscheidungen werden in Abstimmungen getroffen, bei denen jeder Schüler eine Stimme mit dem gleichen Gewicht wie die eines Lehrers hat. Was ist die Folge dieser praktizierten Basisdemokratie? Mir ist keine Schule bekannt, in der es mehr Regeln gibt als in Summerhill. In über 200 Vorschriften legen die Schüler fest, was man darf und was nicht. Dazu wird einmal pro Woche Gericht über Sünder gehalten. Die Schüler haben das verlangt. Darum noch einmal: Schüler wollen Regeln und dass deren Einhaltung kontrolliert wird.

Es hat einige höchst erwünschte Nebenwirkungen, wenn Sie diese Kontrolle haben und das auch immer wieder zeigen. Sie können damit nämlich wirklich effektiv unterrichten. Dies wiederum gibt Ihnen Möglichkeiten, einfühlsam und schülerorientiert zu handeln. Sie erfüllen damit eine Funktion der psychischen und emotionalen Betreuung, die heute immer wichtiger wird. Und letztlich ist es gerade dieser Punkt, der den Lehrerberuf so schön macht. Schön? Dazu stehe ich.

Lassen Sie mich deshalb noch etwas zum grundlegenden Selbstverständnis des erfolgreichen Lehrers sagen. Sie haben in Ihrem bisherigen Leben (das gilt vor allem für Referendare) sicherlich nötige soziale Kompetenzen erworben. Bei den meisten Personen beziehen sich diese aber auf Zweierbeziehungen.

Ausnahmen bilden alle, die in Vereinen irgendeine betreuende Funktion übernommen haben, z. B. Jugendtrainer im Sportverein. Gerade sehr junge Trainer praktizieren dabei eher ein partnerschaftliches Verhältnis auf Augenhöhe.

Bei der Arbeit mit einer Klasse kann das durchaus funktionieren, dazu habe ich faszinierende Beispiele gesehen. Aber: Diese Lehrer lebten in großer Gefahr, einen Burn-out zu erleben. Das Unterrichten auf Augenhöhe funktionierte gut, solange das private Umfeld des Lehrers in Ordnung und sein Seelenleben stabil waren.

Bei Störungen massiver Art, etwa einer drohenden Scheidung oder bei Alkoholismus in der Familie, waren – soweit mir persönlich die Hintergründe bekannt waren – diese Pädagogen aufs Höchste gefährdet. Die Folgen führten bis zum Klinikaufenthalt, bei dem zumindest die Symptome des Zusammenbruchs behandelt wurden.

Deshalb will ich Ihnen ein Beispiel für eine Lehrerpersönlichkeit und -haltung zeigen, die auch unter Belastung standhalten kann. Ich habe sie beim Tarot gefunden. Ich will Sie hier keineswegs zur Esoterik (ver)führen und bitte Sie, etwaige Vorkenntnisse an dieser Stelle außer Acht zu lassen.

Sehen Sie sich die Figur des Herrschers ganz genau an:

Nun, den Rauschebart lassen wir erst einmal weg. Dann sehen wir einen aufrecht auf einem Thron sitzenden Mann, der Strenge ausstrahlt. Das verkörpert seine Rolle als Vertreter des Gesetzes (= Schulordnung + Klassenzimmerregeln). Gleichzeitig ist er durch eine Rüstung geschützt, die den ganzen Körper umhüllt und nur die Hände und den Kopf freilässt. Er ist dadurch relativ unverletzlich. Sein Handeln ist rational bestimmt. Aber: Er ist in seiner Bewegungsfreiheit eingeschränkt. Das ist der Preis für den Schutz, den er genießt. Er ist nicht frei in dem, was er tut, sondern ist (durch die Rüstung) den gleichen Regeln unterworfen, die er bei anderen durchsetzt.

Übertragen auf die Schulpraxis sieht das Bild so aus:

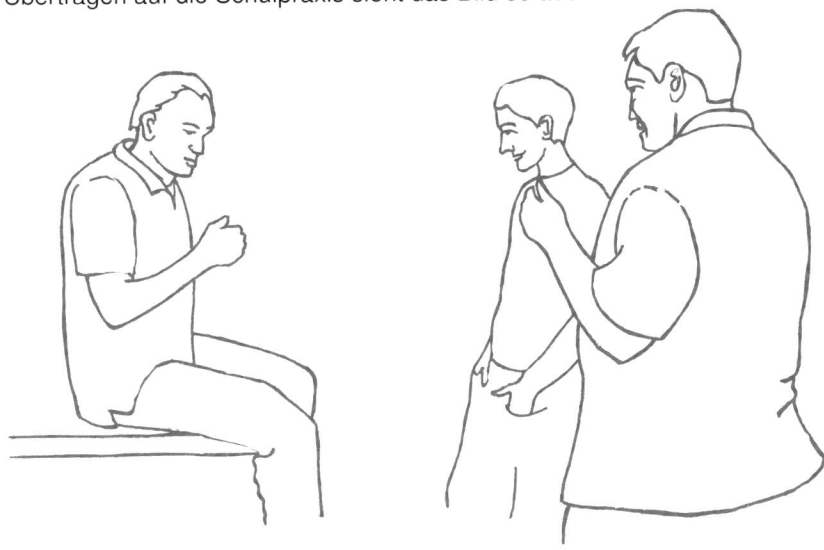

Sie müssen zugeben, hier liegt eine Ähnlichkeit vor. (Ganz am Rande hinzugefügt, weil das Beispiel so schön ist: Der etwas korpulente Jugendliche im Vordergrund spiegelt mit dem linken Arm die Haltung seines Lehrers. Sollten Sie so etwas im eigenen Unterricht bemerken: Das ist toll. Dieser Schüler ist voll und ganz von Ihnen gefesselt.)

Was bedeutet das für Sie? Eine Rüstung gibt Ihnen Sicherheit nach außen und schützt Ihr Inneres. Nur, woher nehmen? Außerdem wirkt so ein Blechanzug im Klassenzimmer zumindest seltsam.

Sie haben den Schutz einer Panzerung, wenn Sie Folgendes tun: Sie spielen Theater! Dabei dürfen Sie ruhig in Ihrer Rolle aufgehen, das macht Sie glaubwürdig. Vergessen Sie nur nie, dass es eine Rolle ist. Beobachten Sie, welche Wirkung Sie auf Ihr Publikum haben und wie es reagiert. Richten Sie Ihre Kommunikationstechnik danach aus. Sie meinen, das geht nicht?

Ich will Ihnen ein Beispiel erzählen. Ich durfte eine Kollegin auf ihren Wunsch hin im Klassenzimmer beobachten. Sie hielt einen faszinierenden Unterricht; die Kinder waren begeistert. Ich auch. Hinterher fragte ich sie, ob sie ihr Engagement in dieser Form nur spiele. Die Gefahr eines Burn-out-Syndroms sei sonst nämlich ungeheuer groß.

Sie erklärte, sie könne sich nicht persönlich distanzieren. Da brachte ich ihr ein Stoffwiesel mit, von mir persönlich im Biotop „Möbelhaus" ergattert. Aus Plüsch, niedlich, fast lebensgroß. Dieses Tier stellte ich ihr als ihr persönliches Therapiewiesel vor. Wir platzierten es in einem Regal am Ende des Klassenzimmers.

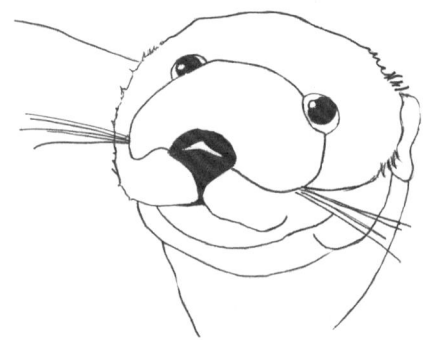

Die Kollegin erhielt den Auftrag, regelmäßig Augenkontakt mit ihrem Wiesel aufzunehmen. Dabei sollte sie das Tier fragen, ob ihr Unterricht okay sei. Natürlich nicht laut, sondern innerlich. Dadurch konnte sie Abstand gewinnen. Nach wenigen Wochen erzählte sie mir, dass der Unterricht inzwischen weit weniger anstrengend sei.

Den Kindern wurde das Plüschtier übrigens offiziell als „Wachwiesel" vorgestellt, das sie beim Unterricht für mich beobachten sollte. Berühren verboten! Einige Kinder waren felsenfest davon überzeugt, dass im Maul eine Videokamera versteckt sei.

Wenn es Ihnen also gelingt, dass Sie die Unterrichtsstunde als Vorstellung betrachten und Sie sich selbst als Moderator, der sein Publikum mit allen

Tricks fesseln will, so fällt Ihnen jede einzelne Stunde leichter. Und die Gefahr eines Burn-out-Syndroms ist wesentlich geringer.

Und jetzt? Ihr Ziel soll effizienter Unterricht sein. Dazu müssen Sie kontrollfähig sein. Welche Mittel haben Sie? Physischer Zwang scheidet selbstverständlich aus. Sie haben im Grunde nur eine Möglichkeit: Sie müssen die Schüler davon überzeugen, dass Mitarbeit dem Einzelnen mehr bringt als jede  andere Tätigkeit. Dafür gibt es ein erschreckend einfaches Mittel, ich brauchte allerdings Jahre, um es zu verstehen. Bei Grundschullehrern habe ich es in Vollendung gesehen.

Man muss den Schülern immer wieder (und gerade das „wieder" ist enorm wichtig!) versichern, dass sie alles verstehen. Statt die richtige Antwort als selbstverständlich anzusehen, müssen Sie fast jedes Mal mit einem „richtig", „genau" oder „super" reagieren. Ich nehme an, Sie haben dazu einen noch größeren Wortschatz. Und Sie benutzen ihn immer wieder.

Klingt übertrieben bis blöd? Kann schon sein, ist aber gar nicht so realitätsfern. Es gibt Lehrer, die gerne erklären. (Die meisten reden prozentual mehr als die Schüler, und das allein!) Wahrscheinlich haben sie unter anderem deshalb diesen Beruf ergriffen. Das ist auch richtig so. Sie sollten dabei aber ruhig mal bei Politikern in die Lehre gehen.

Diese führen ihr Publikum, indem sie es glauben machen, dass es alles versteht. Größere Menschengruppen funktionieren nicht anders als Schulklassen. Unruhe entsteht in dem Moment, in dem eine Person nicht mehr folgen kann. Politiker arbeiten daher gerne mit Gegensatzpaaren.

Ein einfaches Beispiel aus der Grundschule, 1. Klasse: Gerade und ungerade Zahlen werden durch paarweises Aufstellen eingeführt. Einer bleibt übrig? Und? Er bekommt eine ungerade Zahl.

Zu simpel? Wie wär's mit dem Englischunterricht in der Sekundarstufe? Ein bekanntes Problem ist die korrekte Verwendung von simple past und present perfect. Diese beiden Zeiten unterscheiden und richtig nutzen zu können, ist zum einen Lehrplaninhalt, zum anderen für die Kommunikation mit Muttersprachlern wichtig. Also führt der Lehrer im Politiker-Stil eine Reihe von Situationen vor, die in Varianten beide Zeiten abwechselnd erfordern. Mal benutzt er „yesterday", mal bildet er einen Satz mit „since". Englischlehrer mögen mir verzeihen, sie machen das ja wahrscheinlich sowieso. Aber auch oft genug? Zu oft kann gar nicht sein. Anfangs kann man das (für die schwächeren Schüler) sogar auf Deutsch machen.

So wird deutlich, wodurch die grammatische Änderung erzwungen wird. Diese situativen Parallelen prägen sich erheblich besser ein als das Lernen von Mustersätzen und Regeln nach dem Lehrwerk. Die Schüler verstehen es leichter, es ähnelt stark dem muttersprachlichen Lernen. Und weil sie es verstehen, sind sie mit Eifer bei der Sache. Kontrolle der Disziplin ist kein Problem, einzelne Schüler können persönlich betreut werden.

Noch ein letzter Hinweis, bevor wir zum Instrumentarium kommen. Ich nenne das Thema „Erstkontakt". Dabei ist es völlig egal, ob Sie am Jahresanfang neu in die Klasse kommen oder „nur" eine Vertretungsstunde übernehmen (müssen).

Sie stehen vor der Tür, falls sie geschlossen ist. Sonst halten Sie kurz vorher inne. In diesem Augenblick beginnt Ihr Unterricht. Sie nehmen den innerlichen Anlauf eines Moderators. Also: Sie stellen sich vor, dass Sie Ihr Publikum gleich in Ihren Bann schlagen werden. Sie versuchen, Ihren Puls durch bewusste Bauchatmung niedrig zu halten. Wenn Sie jetzt auch noch beschließen, dass sie die Bande hinter der Tür eigentlich wirklich mögen, wirkt Ihr Auftritt absolut natürlich. Also: Strahlendes Lächeln, aufrechte Haltung, rauf auf die Bühne.

Wie, das halten Sie für bodenlos übertrieben? Eine Kollegin, die Referendare betreut, sagte bei einem Vortrag in diesem Zusammenhang zu mir: „Da ist schon was dran. Wenn ich mir anschaue, mit was für einem Gesicht manche Kollegen hin und wieder ein Klassenzimmer betreten – man muss sich nicht wundern, dass Unterrichten dann keinen Spaß macht. Die miese Stimmung wird doch sofort von der Klasse gespiegelt."

Also: Sie treten in Siegerstimmung an. Sie betreten den Raum – die Uhr tickt. Jetzt (!) legen Sie fest, wie sich das Verhältnis zwischen Ihnen und der Klasse heute und in Zukunft gestaltet wird.

Dafür haben Sie bemerkenswert wenig Zeit. Innerhalb von 30 Sekunden (dreißig!) vermitteln Sie Ihren Schülern einen prägenden Eindruck. Der Schwung, den Sie jetzt zeigen, wird die Stunde prägen.

Sollten Sie dazu einen einschlägigen positiven Ruf haben, wird das Ganze noch einfacher. Ich hörte einmal einen Schüler im Gang zu seinem Freund sagen: „Heute kommt in der Vertretung der Lehrer, der immer gut drauf ist." Er meinte mich. Immer gut drauf? Tut mir leid, aber das geht gar nicht. Man kann aber so tun als ob.

Deshalb: Schauspielern Sie auf Teufel komm raus! Was heißt hier „wie"? Suchen Sie sich einen Lehrer aus einem Film oder einer Fernsehserie und spielen Sie ihn nach. Kennen Sie noch den alten Rühmann-Film „Die Feuerzangenbowle"? Ich hatte oft den Dr. Brett im Hinterkopf. Er wirkt. Die Schüler werden Sie sorgfältig beobachten und einschätzen. Nach etwa fünf bis zehn Minuten beginnen dann die ersten Testläufe: „Ist der/die da wirklich so?"

Wenn Sie es schaffen, lächelnd (!) alle Provokationen oder Störversuche zu unterbinden, so haben Sie gewonnen. Und zwar für sehr, sehr lange Zeit.

Das Instrumentarium der Körpersprache

Machen wir uns also auf den Weg zum Klassenzimmer. Vorher werfen wir aber noch einen Blick in unseren Werkzeugkasten. Wir haben eine Reihe von Instrumenten zur Verfügung. Ich will sie hier kurz aufzeigen, ihre Verwendung wird später erklärt.
Wir haben:

1. Gesichtsausdruck als Gesamtwerk

Sie sehen: Im Prinzip genügen Augen und Mund. Damit können Sie Stimmungen klar ausdrücken, aber auch ablesen.
Und gerade dieses den-Schüler-Lesen ist enorm wichtig. Natürlich wollen Sie Ihre Einstellung zu einer bestimmten Situation klar und deutlich zu erkennen geben. Das ist notwendig für die Schüler, damit diese Vorwarnungen erkennen können.
Diese Vorwarnungen sind für die störungsfreie Kommunikation zwischen Ihnen und den Schülern sehr wichtig. Manchmal schlägt eine scharfe Rüge oder eine Ordnungsmaßnahme für den einzelnen Schüler ein wie eine Bombe.
Als Lehrer ist man davon meist ziemlich überrascht. Der junge Herr/Die junge Dame braucht gar nicht so überrascht zu tun. Es war doch wohl klar erkennbar, dass er/sie sich am Rande des Gesetzes bewegt! Wirklich?
Es gibt Schüler, die haben gewaltige Schwierigkeiten bei der Entzifferung von Körpersprache. Dies gilt grundsätzlich für Asperger-Autisten, aber auch

andere können betroffen sein. Dies mag alle möglichen Ursachen haben –
das wäre ein eigenes Buch oder zumindest ein sehr langes Kapitel.
Für uns ist das Wissen von Bedeutung, dass unsere Signale geradezu mit
dem Holzhammer gesendet werden müssen. Subtiles Andeuten mag seinen
Reiz haben, im Klassenzimmer sind Sie damit bei der falschen Zielgruppe.
Allein die Anzahl der Sie umgebenden Personen erfordert, dass Sie Ihren
Gesichtsausdruck plakativ verwenden. Denken Sie an das geschminkte Gesicht eines Pantomimen.
Mindestens genauso wichtig ist aber auch der Gesichtsausdruck des einzelnen Schülers. Ob der Mund freundlich lächelt oder eher schmallippig verknif-
fen ist, ob seine Gesichtszüge ebenmäßig (harmonisch) sind oder im Augenblick eher eine leichte Asymmetrie aufweisen – diese Beobachtungen
helfen Ihnen, eine bestimmte Situation richtig einzuschätzen.

Dies richtig zu können oder wenigstens erkennbar zu versuchen, ist eine der
Grundbedingungen für Ihre Autorität. Machen Sie hier grobe Fehler, haben
Sie schnell den Ruf, ungerecht zu sein. Erkennen Sie, wann eine Situation
gründlicher durchforscht werden muss und machen Sie den Schülern den
Grund für Ihr Handeln klar, so gelten Sie als fair. Sie gewinnen Vertrauen.

2. Blick

Haben Sie schon mal bewusst Ihre Augenbrauen eingesetzt? Sie unterstreichen die Intention Ihres Blickes.
Wenn Sie einen guten Pantomimen beobachten, der auch entsprechend ge-
schminkt ist, werden Sie sehen, dass die Bewegungen seiner Augenbrauen
deutlich sichtbar sind. Der Pantomime übertreibt die Bewegungen der gesamten Gesichtsmuskulatur, am auffälligsten sind aber dabei die Augenbrauen.
Warum tut er das? Er spielt für eine ganze Gruppe von Zuschauern, deshalb
zeigt er die Bewegungen der Augenbrauen überdeutlich. Der Zuschauer
schaut auf die Augen und somit auch auf die Brauen.

Auch in Mangaheften arbeiten die Zeichner massiv mit den Augenbrauen. Es war für mich ein Vergnügen, eine Lehrerin zu beobachten, die ganze Teile der Schülersteuerung über den Blick laufen ließ. Sie veränderte gezielt den Abstand zu den einzelnen Schülern und erreichte mit einem demonstrativen Blick mehr als andere Kollegen mit einer wortreichen Suada.

3. Kopf- und Körperhaltung

Im Theater werden Kopf- und Körperhaltung übertrieben deutlich benutzt. Wir sollten Theater spielen, weil wir dann für unsere Schüler leichter lesbar sind und uns selbst weit weniger aufregen.

Bei der Körperhaltung gibt es bestimmte Elemente, die lässige Sicherheit verkörpern. Insbesondere der Einsatz von Stand- und Spielbein kann eine Person zeigen, die offensichtlich keinerlei Grund für Stress und Nervosität hat. Ob Sie sich dabei auch noch anlehnen (etwa an das Pult), ist nebensächlich.

Umgekehrt können Sie durch deutliches „Sich-Verankern", also durch sichtbar gleiche Belastung beider Beine, Ihre Festigkeit zeigen. Das gilt sowohl für Ihre Person („Wehe dem, der mich angreift oder missachtet") als auch für eine gerade von Ihnen abgegebene Erklärung.

Dies sind nur zwei Beispiele, wie Sie durch bewusstes Einnehmen einer bestimmten Haltung ein deutliches Signal setzen können.

Genauso wichtig ist es aber auch, die Haltung von Schülern zu lesen. Ob gilt „Der will ja nur spielen" oder ob sich das Schild „Vorsicht, gefährlicher Schüler! Ansprechen auf eigene Gefahr!" in unsichtbaren Neonröhren über dem Kopf des Schülers befindet, genau das lässt sich aus der Gesamthaltung ablesen.

4. Hände

Man sagt, einen Sizilianer könne man knebeln, indem man ihm die Hände auf den Rücken bindet. Ich selbst neige hier vielleicht ein bisschen zur Übertreibung, aber es geht mir genauso. Abgesehen von meiner persönlichen Motorik erinnere ich mich gerne an selbst erlebte Unterrichtssituationen, bei denen Lehrer ihre Hände zur Erläuterung ihrer Sätze benutzten. Es sagt wohl viel, dass ich nach inzwischen fast 50 Jahren sowohl die Gestik als auch den Wortlaut eines bestimmten Lehrers noch vor Augen habe.

Es war mein Chemielehrer, der die gestreckten Finger der einen Hand in einem 45-Grad-Winkel zwischen die Finger der anderen Hand schob und uns so erklärte, wie wir uns das Molekulargitter in einem Kristall vorstellen müssten. Ich weiß nicht, ob ich die Fachausdrücke noch richtig verwende, aber das Bild der Hände und die Begriffe „Kristallgitter" und „Festigkeit" sitzen nach wie vor.

Mit den Händen können Sie also außerordentlich viel erreichen. Wie? Zunächst einmal müssen wir drei verschiedene Verwendungen unterscheiden.

© AOL-Verlag

Der Einsatz der Hände ist entweder

a) objektbezogen: Wir waschen sie, halten Hefte oder ein Stück Kreide.

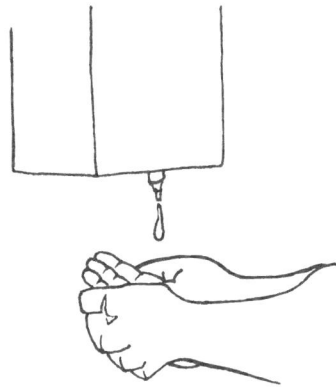

b) gesprächsbezogen: Die Hände dienen der Erläuterung von gesprochenem Text.

c) ein Instrument für Dominanz und Kontrolle

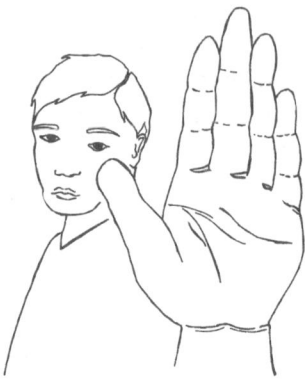

Die Verwendung der Hand als Basis für den „schlimmen Finger" lasse ich jetzt mal weg. Oder lieber doch nicht? Sie selbst werden ihn wohl kaum verwenden, aber wie ist das bei den Schülern? Untereinander verwenden sie ihn heute selbstverständlich. Aber Ihnen gegenüber?
Unvorstellbar? Von wegen! Offen verwendet ist er ein klarer Akt der Aggression, heimlich eingesetzt untergräbt er Ihre Autorität.
Wenn Sie ihn bemerken, so <u>müssen</u> Sie unbedingt scharf reagieren. Das kann durchaus in einer Mitteilung an die Eltern münden. Wenn Sie eine schreiben, so verwenden Sie bitte unbedingt das Wort „Respekt"! Fordern Sie diesen ein, und zwar im Wortlaut! Dies wirkt bei den meisten Eltern recht nachhaltig, von durchschlagender Wirkung ist es aber bei Menschen mit Migrationshintergrund.
Diese haben hier in Deutschland häufig wenig Respekt erfahren. Sollten Sie ein Privatgespräch mit Eltern aus Asien, der Türkei oder Russland führen: Laden Sie diese Personen in der Form ins Klassenzimmer ein, dass Sie ihnen unbedingt den Vortritt lassen.
Tun Sie das nicht, so können Ihre Schülerbeobachtungen noch so fundiert und belegbar sein, sie werden diese Eltern nicht erreichen. „Diese Lehrkraft hat keine Achtung vor uns, deshalb kann sie unser Kind auch nicht gerecht beurteilen." Das ist sehr wahrscheinlich die logische Folge.
Lassen Sie ihnen den Vortritt und <u>zeigen</u> Sie damit Achtung, so können Sie sehr intensiv über alle möglichen Probleme reden. Natürlich ist es den Eltern auch dann lieber, wenn ihr Kind (und damit die Erziehung durch die Eltern) gelobt wird. Aber bei Schwierigkeiten wird man Ihnen eher zuhören.

Jetzt haben wir also den Gesichtsausdruck, die Augen, Kopf- und Körperhaltung sowie die Hände als unser Körpersprache-Instrumentarium betrachtet. Selbstverständlich müssen diese Instrumente nun zusammenspielen. Wenn Sie noch nie Theater gespielt haben – Schüleraufführungen gelten hier nur eingeschränkt – so sollten Sie sich am Anfang auf einzelne Teile beschränken. Wenn Ihnen zum Beispiel die Anwendung der Hände als Kommunikationsinstrument (ich halte sie für <u>sehr</u> wichtig) geläufig geworden ist, dann können Sie sich Kopf- und Körperhaltung zuwenden. Insgesamt ist dies ein längerer Lernprozess, der sich aber lohnt.

Warum nicht alles gleichzeitig einsetzen? Weil Sie dann zu viel darüber nachdenken müssten, und das lenkt ab. Kümmern Sie sich ein bis zwei Tage oder auch eine ganze Woche nur um eines der Instrumente, z. B. die Hände, sodass deren Verwendung als Kommunikationsmittel automatisiert wird. Erst wenn dies ganz ohne Nachdenken geschieht, sollten Sie zum nächsten Teil gehen.

Zur konkreten Anwendung dieses Instrumentariums – also Teile des Körpers und wie sie zusammenspielen – werde ich mich später ausführlich bei Situationsanalysen und Schutzmaßnahmen des Lehrers äußern. Im Folgenden möchte ich Ihnen aber schon einmal einen Vorgeschmack geben:

Erste Hinweise zum Zusammenspiel der Komponenten

Wie kann ich mit meinem Körper Dominanz ausdrücken? Sehen wir uns ein paar Beispiele an:

Leicht zurückgenommene Schultern (dadurch betonter Brustkorb), langer Hals (hoch erhobenen Hauptes), Kinn etwas angehoben, Mundwinkel leicht angehoben, Blick von oben herab, gehobene Augenbrauen: Dominanz in Reinkultur.
Diese Lehrerhaltung wurde allerdings von ca. 80 (!) in Projektunterrichtsstunden befragten Schülern einhellig abgelehnt, wenn man sie ihnen als Foto oder Zeichnung zeigt. Die Urteile reichen von „komisch" bis „arrogant". Kommen dazu noch verschränkte Arme („Ich lass keinen an mich ran!"), so bekommt der Lehrer keinen Zugang mehr zu seinen Schülern.

Soweit die Theorie. In der Praxis habe ich aber mehrmals erlebt, dass genau diese extreme Haltung in Chaosphasen innerhalb kürzester Zeit zu Ruhe im Klassenzimmer führt. Die Schüler ermahnen sich dabei gegenseitig.

Eine etwas mildere Form – meines Erachtens eine der wichtigsten Kopfhaltungen für jeden Lehrer – sehen wir im nächsten Bild. Der lange Hals ist geblieben, ebenso das Lächeln. Der Brustkorb wird weniger betont, das Kinn ist relativ gerade.
Dazu kommt der ganz leicht geneigte Kopf. Dieser signalisiert Zuneigung, gleichzeitig aber auch Selbstvertrauen. Wie gesagt: In meinen Augen eine der wichtigsten Kopfhaltungen für den Lehrer.

Was aber, wenn alles prima läuft und ein Schüler eine Aufgabe falsch löst? Geben Sie ihm bitte die Chance, dies selbst zu erkennen.
Ein „Nein, das stimmt nicht" und sofortiges Aufrufen eines anderen Schülers kommt leider recht häufig vor. Es ist eine glatte Zurückweisung.
Mit dem „Verwirrungsgesicht" geben Sie dem Schüler dagegen die Chance, sich selbst zu korrigieren. Gelingt ihm das, so gewinnt er Selbstvertrauen und wagt gerade als schwächerer Schüler mehr aktive Beteiligung am Unterricht. Und Sie erwecken den Eindruck, fürsorglich zu sein.
Was, er schafft es auch im zweiten Versuch nicht? Haben Sie vielleicht zu schnell eingegriffen? Fast alle Lehrer rufen zu schnell einen anderen Schüler auf, wenn die Antwort nicht sofort kommt oder falsch ist.

Dabei weiß der Schüler vielleicht sogar die richtige Antwort und kämpft nur mit der Formulierung. Verlangen Sie bei Antworten immer ganze Sätze? Daran könnte es liegen. Lassen Sie ihm Zeit und dämpfen Sie den Eifer der anderen: Sie bekommen es als Vertrauen verzinst.

Das ist überhaupt ein allgemeines Problem: Der Lehrer kann nicht warten. Selbst wenn er gute Vorsätze hat: Immer wieder ist er zu schnell. Vielleicht ist das der Grund, warum man bei anderen Unterrichtsformen als dem Frontalunterricht manchmal bessere Ergebnisse hat. Die Schüler können dann nämlich ihr eigenes Frage-Antwort-Spiel im zu ihnen passenden Zeitschema durchführen.

John HATTIE (2008) benutzt in „Visible Learning" den Ausdruck „virtuoser Frontalunterricht" nicht zufällig. Die Kunst, jedem Schüler ausreichend Zeit zu geben, ohne die anderen zu verprellen, das ist die hohe Schule des Unterrichtens. Ich selbst übe noch immer und verzweifele manchmal, wenn ich mich bei Ungeduld erwische.

Diese liegt nicht unbedingt an mir. Es sind die vielen Schüler, die längst eine druckreife Antwort bereithaben, während das arme Wesen vor mir noch um die richtigen Worte ringt. Aber ich werde weiter daran arbeiten, auch unter diesem Druck, dem Einzelnen Zeit zu geben.

Manchem Lehrer an weiterführenden Schulen mag es als Unterforderung des Schülers erscheinen, wenn man ihm bei offensichtlichem Ringen nach Worten den Anfang der richtigen Antwort vorsagt. Bitte: Wenn nötig, tun Sie es trotzdem. Besser: Üben Sie mit Ihren Schülern, wie man sich gegenseitig Hilfestellungen geben kann. Dann finden sie nämlich im Zweifel die Antwort gemeinsam. Dieses „Wir wissen es" macht stark.

Ein wunderbares Beispiel habe ich dazu an einer Grundschule gesehen. Die Aufforderung lautete: „Helft ihm, aber sagt auf keinen Fall die Lösung! Fragt anders als ich." Es war fantastisch, auf welche Ideen die Mitschüler kamen.

Körperlicher Abstand und Bewegung im Raum

Nun will ich auf ein weiteres wichtiges Instrument hinweisen. Es handelt sich um den Raum als Werkzeug.

Hier ist zunächst der Abstand zu den einzelnen Schülern zu sehen. In Mittel- und Nordeuropa sowie in den USA wird ein Abstand von etwa einer Armlänge als angenehme Gesprächsdistanz empfunden.

Eine etwas größere Distanz macht den Kontakt weniger persönlich und weniger direkt. Wenn Sie diese Entfernung unterschreiten, so dringen Sie in das Revier des Schülers ein. Dies kann entweder als Drohung oder als Vertraulichkeit empfunden werden. Viel hängt hier von den übrigen Signalen ab. Südeuropäer rücken Ihnen übrigens von Haus aus näher auf die Pelle, ganz ohne Kontaktabsicht. In anderen Kulturen gelten eben andere Distanzgrenzen.

Das gilt für das Gespräch zwischen zwei Einzelpersonen. Sprechen Sie zu einer Gruppe, also einer Klasse, ist der Abstand selbstverständlich von Anfang an größer. Und hieraus entsteht als weiteres Instrument die Bewegung im Raum.

Dadurch, dass Sie sich zwischen die Schüler begeben, verändern Sie die Distanz, wechseln also zwischen Zweier- und Gruppenkommunikation. Wenn Sie dabei auch noch je nach Partner Ihre Sprechlautstärke variieren, so können Sie spielerisch ohne weitere Mittel Ihre Gesprächspartner wechseln.

Dabei ist eine feste Sitzordnung der Schüler von großer Bedeutung. Es wird schnell offensichtlich, warum eine formal strenge Sitzordnung die Führung einer Klasse erleichtert.

Es ist dabei nicht wichtig, ob die Schüler in Reihen – mit Blick zur Tafel – oder in Gruppen sitzen. Entscheidend ist: Der Lehrer ist die einzige Person im Raum, die zu jedem beliebigen Zeitpunkt ihre Position verändern darf. Die Schüler sind an ihren Platz gebunden und müssen um Erlaubnis fragen, wenn sie ihn verlassen wollen.

Dies ist ein sehr starkes Dominanzinstrument. Durch wechselnde Entfernung wirkt der Lehrer, wie bereits gesagt, unterschiedlich intensiv auf seine Schüler ein. Wer den größten Teil des Unterrichts <u>vor</u> der Klasse (also im

„Tafel-Raum") verbringt, verschenkt eine Autoritätsgeste, die praktisch weder psychisch noch physisch Kraft kostet. Naja, Kilometergeld wird nicht extra ausgezahlt; es geht auch eher um ein ruhiges, zielgerichtetes Wandern. (Übrigens: Dazwischen ein paar schnelle Schritte in Richtung einer Sitzgruppe mit offensichtlichem Abbremsen bei leicht erhobenem Kinn, wenn die Schüler darauf aufmerksam werden, können Wunder wirken. Und der Lehrer schont seine Stimme.)

Sehen wir uns unter dem Gesichtspunkt der Kontrolle ein Klassenzimmer an. Nehmen wir der Einfachheit halber die klassische Sitzordnung in Reihen:

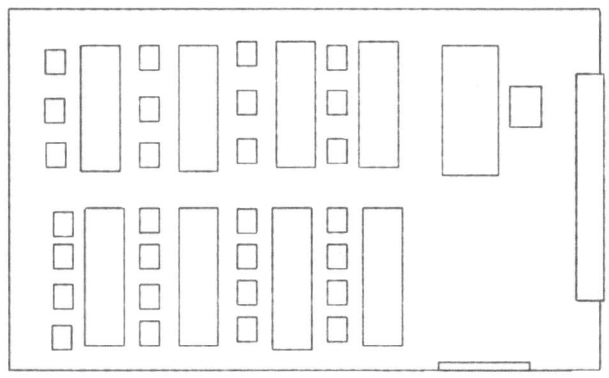

Gehen wir davon aus, dass sich der Lehrer am Pult befindet. Dann hat er folgendes Blickfeld:

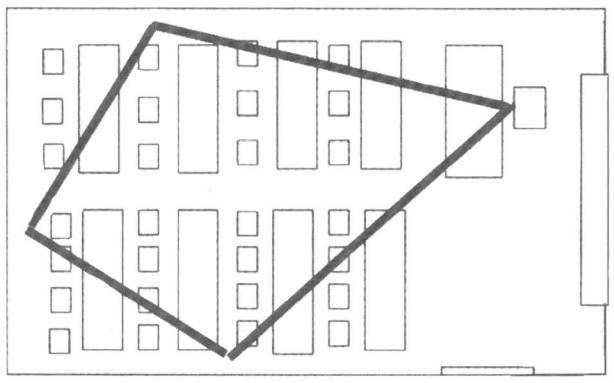

Erkannt? Die Schüler vor allem links vorne sitzen im toten Winkel, aber auch die anderen Eckschüler. Und wenn der Lehrer an der Tafel steht?

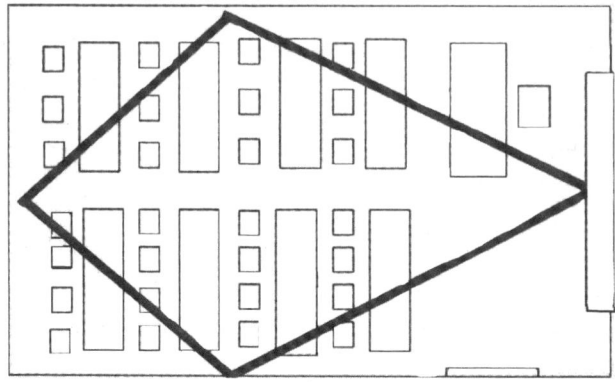

Dann ändert sich im Grunde nicht viel. Ganz ähnlich sieht es aus, wenn die Schüler in Vierer- oder Sechsergruppen sitzen. Bei starrem Standort des Lehrers gibt es tote Winkel. Um die Schüler dort zu sehen, bedarf es einer bewussten Anstrengung des Lehrers, und sei es nur eine Drehung des Kopfes. Das liegt daran, dass das entspannte Auge sich automatisch auf vier bis fünf Meter Entfernung einstellt.

Die in den Beispielen gezeigte Sitzordnung ist natürlich nur ein Vorschlag, wie im klassischen Frontalunterricht. Bitte zucken Sie nicht gleich zurück, wenn Sie dieses manchem verpönte Wort hören. Professor Roland BER-GER (2006) von der Universität Osnabrück stellt den Frontalunterricht für das Erarbeiten komplexer Inhalte z. B. als ideal dar.

Frontalunterricht ist ja nie ausgestorben, auch wenn heute u. a. von Lernlandschaften die Rede ist. Wenn eine Lehrkraft früher (geschieht auch heute noch) ihre Schüler statt in Reihen in Hufeneisenform setzte, so ändert das am Prinzip nichts – das ist Augenwischerei. Wenn sie in das Hufeisen dann womöglich noch mehrere Zweiertische stellt, damit alle Schüler unterkommen, so hält sie im Grunde immer noch Frontalunterricht. Sie nimmt sich nur die Möglichkeit, zwischen den Schülern hindurchzugehen und so die mir wichtigen Distanzspielchen durchzuführen.

Weil ich gerade so schön lamentiere: Ein Lehrer hatte, aus welchem Grund auch immer, die (in meinen Augen selbstmörderische) Idee, jeweils zwei Zweiertische ganz außen an Wand und Fenster zu platzieren. Das heißt, wir haben die Anordnung Wand – vier Schüler – breiter Gang – vier Schüler – Fenster. Dieser breite Gang zwischen den Sitzreihen wirkt wie eine Start- oder Landebahn. Sicher, Kommunikation über diesen Gang hinweg ist für die Schüler kaum mehr möglich. Genauso ist es aber für den Lehrer ein Ding der Unmöglichkeit, bei dieser breiten Streuung die außen sitzenden Schüler im Blick zu behalten. Diese Sitzordnung hat die Wirkung von Scheuklappen. Aber zurück zum toten Winkel.

Den gibt es auch, wenn der Lehrer „wandert". Aber er verändert ständig seine Position und durch die entstehende Distanzänderung empfinden die Schüler den Konzentrationsfokus des Lehrers ebenfalls als veränderlich. Der Blick des Lehrers kommt und geht, wandert zurück, legt sich auf mich, gleitet weiter: Ich, der Schüler, stehe unter ständiger Überwachung. Und weil das so unerfreulich klingt, sagen wir: Der Lehrer kümmert sich permanent um mich und wenn ich Hilfe brauche, kommt er gleich zu mir. Das haben Schüler jedenfalls zu mir gesagt: „Sie sind immer da, wenn wir Sie brauchen." Den Teil mit der Kontrolle haben sie gar nicht mitgekriegt.

Unabhängig von der Kontrollmöglichkeit und der Dominanzfunktion, die Sie damit haben, ermöglicht das ruhige Herumgehen zwischen den Schülern eine unauffällige Kontrolle der Arbeitsweise des Einzelnen, die wie zufällig wirkt. Hier haben Sie ein ungeheures Potenzial zur Vertrauensbildung. Legen Sie im Vorbeigehen den Finger an eine besonders gelungene Stelle und nicken Sie dem Schüler dabei lobend zu. Er wird strahlen.

Oder geben Sie (ebenfalls wortlos oder mit sehr leiser Stimme) einen Hinweis darauf, wie die Aufgabe zu lösen oder weiterzuführen ist. Und hin und wieder sollten Sie einen besonders gut gelungenen Eintrag lobend hochheben und den anderen Schülern zeigen. Aber fragen Sie den betreffenden Schüler vorher unbedingt, ob er damit einverstanden ist. Er wird kaum ablehnen und Sie haben wieder einmal gezeigt, dass Sie ihn als Person respektieren. Genau damit untermauern Sie Ihre Vertrauensstellung zu allen Schülern.

Der (ruhige) „Wanderlehrer" hat noch einen anderen Vorteil: Der Blickkontakt zum einzelnen Schüler dauert nie zu lange. Stellen Sie sich vor, die nächste Zeichnung wäre nicht im Zoo, sondern in freier Wildbahn entstanden. Sie wollen gerade ein Bad in einem Teich nehmen.

Und jetzt nimmt das Tier einen laaaangen Blickkontakt zu Ihnen auf. Er zeigt ganz deutlich ein gesteigertes Interesse des Tigers (an Ihnen), was für Sie wahrscheinlich zur Belastung wird. Dieses „Ich schau dir in die Augen, Kleines" ruft hier wohl, gelinde gesagt, ein mehr als unbehagliches Gefühl hervor.

Kinder und Jugendliche sind keine Tiger? Haben Sie das mit dem „blackboard jungle" schon vergessen? Lassen Sie mich eine kleine Begebenheit aus meiner eigenen Schulzeit erzählen:

Ich komme aus einer Arbeiter- und Bauernfamilie und durfte aufs Gymnasium. Rund 15 Jahre nach dem Zweiten Weltkrieg war das etwas Besonderes. Und ich hatte keine Ahnung, wie Gymnasium geht. Da habe ich eines Tages beschlossen, sehr aufmerksam zu sein und habe meinen Lehrer nicht mehr aus den Augen gelassen. Der wurde zunächst unruhig und sagte schließlich: „Was schaust du mich denn ständig an? Was passt dir nicht? Mache ich etwas falsch?" Ich habe dann wieder weggeschaut und alles war gut.

Damit will ich nicht sagen, dass Schüler ihren Lehrer nicht anschauen sollen, im Gegenteil. Es wird nur ausgesprochen anstrengend, wenn das zu konzentriert geschieht. Dann kommen Gedanken hoch wie „Ist meine Kleidung in Unordnung?" Beim Umdrehen zur Tafel kontrolliert man dann schon mal schnell, ob der Hosenstall geschlossen ist. Damen kennen bestimmt analoge Probleme, es muss ja nicht die Kleidung sein.

Das kann Ihnen nicht passieren, auch nicht, wenn mehrere Schüler Sie fixieren? Sie gehen davon aus, dass der konzentrierte, fast starre Blick einer ganzen Gruppe Sie nicht aus der Ruhe bringen wird?

Denkbar wäre es, aber nicht sehr wahrscheinlich. Dazu bräuchten Sie ein äußerst dickes Fell. Das wiederum erschwert Ihnen den sensiblen Kontakt zu Ihren Schülern.

Schauen Sie sich doch einfach mal das nächste Bild an.

Sind Sie sicher, dass Sie sich in einer solchen Situation nicht unwohl fühlen? Diese Schüler und Schülerinnen wollen Ihnen nichts Böses, sie hören nur sehr konzentriert zu. Das bedingt, dass sie eben nicht lächeln, sondern die Lippen eher leicht zusammenpressen.

Das entspricht aber nach unserer gewohnten Lesart der Vorbereitung zu einem Angriff. Darum kann dieses Beobachten sehr wohl belastend werden, und zwar sowohl für den Schüler als auch für den Lehrer. Also für Sie, wenn die Schüler Sie fixieren. Aber auch für den einzelnen Schüler, wenn Sie ihn demonstrativ beobachten. Darum: Blickkontakt ist wichtig, darf aber nicht zu lange dauern. Sie merken das an einer leichten Änderung der Körperhaltung des Schülers. Und wenn Sie die beobachtende Person sind: Lächeln Sie ganz leicht, der Schüler wird regelrecht erleichtert sein.

Lassen Sie mich dazu noch ein sehr wichtiges Thema ansprechen, das früher gar nicht zur Debatte stand, heute aber allgegenwärtig ist: Es geht um Menschen mit Migrationshintergrund.

Das ist beileibe kein reines Großstadtthema mehr. In einer Kleinstadt in Oberbayern (ca. 16.000 Einwohner) hatte ich in einer 6. Klasse 24 Schüler. Das sind erfreulich wenige. Von diesen Schülern wurden zwei in der Statistik als Schüler mit Migrationshintergrund geführt, weil sie nicht in Deutschland geboren worden waren. In der Realität war es aber so, dass nur in acht Familien zu Hause Deutsch gesprochen wurde. Die anderen Kinder sind hier zur Welt gekommen und gelten daher statistisch als Deutsche. Das sei einfach konstatiert, ich will auf keinen Fall werten.

Insgesamt 16 Schüler wachsen also zwar in Deutschland auf, orientieren sich aber am soziokulturellen Umfeld ihrer Familie. Das hat auch Auswirkungen auf die Körpersprache.

Diese verändert sich bei solchen Schülern im Lauf der Zeit, weil sie in (oder zwischen) zwei Welten leben. Einige Dinge sind aber so prägend, dass wir sie kennen müssen.

Das häufigste Problem ist dabei der Blick in die Augen. In unserer Jugend hieß es – und ich erlebe es täglich bei Kollegen: „Schau mir in die Augen, wenn ich mit dir spreche!"

Der Grund dafür ist einleuchtend: Damit erzwingt der Lehrer die Aufmerksamkeit des Schülers. Er sorgt außerdem dafür, dass seine Worte gut verstanden werden. (Die Prüfung für Fortgeschrittene in Fremdsprachen ist ja bekanntlich das Telefonieren. Dabei kann man dem Gesprächspartner nicht ins Gesicht sehen und hat deshalb deutlich mehr Probleme als bei einer Unterhaltung von Angesicht zu Angesicht. Ich persönlich finde nur den unvermuteten Kontakt mit einem fremdsprachigen Blechdeppen (= Anrufbeantworter) noch schlimmer.)

Bei Schülern aus Russland, der Türkei oder aus einem arabischen Land dürfen Sie (wenn Sie ihn tadeln wollen) den Satz „Schau mir in die Augen, wenn ich mit dir spreche!" auf keinen Fall benutzen. Sie schaden sich selbst und Ihrer Autorität.

(Angesichts der steigenden Flüchtlingszahlen und der kommenden Einschulung solcher Kinder und Jugendlicher ist zu diesem Thema dringend Forschungsarbeit zu leisten.) In diesen Ländern gilt der Blick in die Augen als Signal zum Eindringen in ein fremdes Revier, also als Akt der Aggression. (Diese Information stammt aus meiner multikulturellen Verwandtschaft und der Arbeit mit Jugendlichen im Sport.) Und dazu wollen Sie den Schüler doch bestimmt nicht auffordern.

Übertrieben? Eine Lehrerin erzählte mir, dass Sie mit Ihrem Lebenspartner in Moskau war. Sie hatten eine einheimische Führerin und wollten nicht die Standard-Tourismus-Schiene fahren. An den ersten zwei Tagen wurden sie jeweils viermal polizeilich kontrolliert, obwohl sie peinlich auf Anpassung in Kleidung und Auftreten bedacht waren. Auf ihre Frage nach dem Grund für das massive polizeiliche Interesse lachte die Russin und sagte: „Sie schauen den Leuten ins Gesicht. Das tut kein Russe."

Ab da vermieden sie diesen bei uns selbstverständlichen Blick. Sie wurden nicht mehr kontrolliert.

Ich habe gerade davon gesprochen, dass an vielen Schulen eine neue Situation durch neue Schüler entstehen wird. Daher möchte ich Sie noch auf zwei weitere körpersprachliche Signale hinweisen, die auch CASHWELL (2003) erwähnt:

Im arabischen Raum sieht der „mother-fucker" anders aus als bei uns. Halten Sie die gestreckte Hand waagrecht, Handfläche nach unten, und winkeln Sie den Mittelfinger im rechten Winkel nach unten ab. Dann wackeln Sie leicht damit. Geschafft? Pfui.

Wenn Sie diese Handhaltung sehen, so reagieren Sie bitte sofort und zeigen Sie deutlich, dass Sie das als Unverschämtheit empfinden. Sie werden als Nebeneffekt einen Ruf wie Donnerhall erwerben. „Der/Die kennt das!"

Ein anderes, bei uns positives Zeichen, ist der hochgereckte Daumen. Im Westen gilt er als „super, prima gemacht". In der inneren Türkei und auf Sardinien ist seine Verwendung aber äußerst gefährlich. Er ist eine (sehr vulgäre) Aufforderung zum Analverkehr. Cashwell erzählt in diesem Zusammenhang von einer Gruppe junger Franzosen, die „mit dem Daumen" reisen wollten und in der Türkei vergewaltigt wurden. Sie hatten unwissentlich und völlig unbeabsichtigt dazu aufgefordert.

Gezielter Angriff oder harmlose Störung?

Diese Frage ist eine der wichtigsten, aber auch schwierigsten beim Unterrichten: „Warum stört ein Schüler den Unterricht?"
Dies müssen wir richtig beurteilen, um angemessen reagieren zu können.
Ich will versuchen, dieses Kapitel von den folgenden beiden (wie stark man einschreitet und wer bei mehreren Störern der Anstifter ist) zu trennen. Urteilen Sie selbst, ob es mir gelingt. Im Klassenzimmer sind die drei Punkte „Angriff – Einschreiten – Der war's" jedenfalls untrennbar miteinander verwoben.
Woran erkenne ich also, ob ein Schüler einfach nicht auf mich achtet oder ob er meine Arbeit bewusst sabotieren will?
Lassen Sie mich die Frage nach dem Warum anders formulieren: Will der Schüler eigentlich wirklich stören? Oder ist er nur gedanklich so beschäftigt, dass er eine Störung in Kauf nimmt? Um das zu entscheiden, müssen wir sein körperliches Verhalten analysieren und weitere Umstände in Betracht ziehen. Keine Angst, das dauert nur auf dem Papier und bei der theoretischen Erklärung so lange wie hier. In der Praxis werden Sie in Zehntelsekunden erkennen, was Sache ist.
Sollten Sie allerdings (wegen Engagements) blitzschnell aus dem Bauch heraus entscheiden, wird die Sache gefährlich. Zumindest ist das der Fall, wenn Sie noch zu wenig Übung haben. (Erinnern Sie sich: „Natürliche" Autorität ist erlernbar, muss aber intensiv geübt werden.) Denn wenn Sie scharf auf einen harmlosen Schüler reagieren, nagt das an Ihrer Autorität.
Kinder und Jugendliche beobachten sehr genau, ob ein Lehrer gerecht ist. Dabei haben sie ziemlich absolute Maßstäbe. Es geht um zuverlässige Angemessenheit. Daher sind hier Beobachtung und logisches Denken gefragt.
Nehmen wir ein häufiges und in meinen Augen absolut harmloses Beispiel: Ein Schüler gähnt. Soll vorkommen und muss nicht unbedingt am Unterricht liegen.

Ich sehe mir den Schüler an, räuspere mich vielleicht. Wahrscheinlich kichern ein paar Mitschüler, die meiner Blickrichtung folgen. Der Gähner wird aufmerksam, schaut mich an und lächelt. Gott sei Dank! Würde er ganz schnell wegschauen, müsste ich mir tatsächlich mindestens einen zweiten Gedanken machen. Aber so … Er ist sich offenbar

keiner Schuld bewusst, weshalb auch. Ich stelle eine harmlose Frage zum gestrigen Fernsehabend oder biete ihm einen Fensterplatz an.

Er wird eine kurze Antwort geben und das war's. Harmlose Störung. Kennzeichen: Der Schüler fühlt sich nicht im Sinne einer Missetat erwischt und hat deshalb nicht einmal den Anflug eines schlechten Gewissens. Schüler und Lehrer lächeln gemeinsam. Nur Sekunden sind verstrichen, mein Unterricht läuft geradlinig weiter. Zumindest was den Gähner betrifft.

Aber Vorsicht: Gähnen ist nicht gleich Gähnen! Wenn der Schüler vorher noch ganz lebhaft war, wenn er beim Gähnen womöglich noch den Ellbogen anhebt, dann stimmt etwas nicht. Prüfen Sie unbedingt seine Blickrichtung. Wenn er seine Umgebung beobachtet („Sieht auch jeder meine Schau?"), wenn er Ihrem Blick sofort ausweicht, dann will er Sie provozieren. Er versucht, andere Schüler abzulenken und sich in den Mittelpunkt zu stellen. Er knabbert gezielt an Ihrer Autorität, um sein Prestige innerhalb der Peergroup zu heben. Bei diesem Schüler wäre Lächeln falsch.

Wirklich? Wenn Sie ihn jetzt laut und ausführlich tadeln, hat er sein Ziel erreicht – Ihr Unterricht ist unterbrochen. Lächeln Sie überlegen (ruhig mit eher arroganter Dominanz!) und geben Sie ihm <u>sofort</u> eine schwierige Aufgabe. Sie sollte für den Knaben lösbar sein, aber nur mit größter Anstrengung. Noch besser ist es, wenn er für die Antwort die Hilfe von Mitschülern braucht. Damit ist die Provokation geplatzt, seine demonstrative Langeweile ad absurdum geführt. In der Peergroup wird seine Bedeutung wahrscheinlich etwas sinken.

Apropos Langeweile:

Kugelschreiber zerlegen. Sie selbst haben das nie gemacht? Schon wieder geschwindelt? Das haben Sie nicht nötig. Es ist ein ganz normales Mittel, um einer momentanen Überforderung auszuweichen. Es ist harmlos und wird nach kurzer Zeit wieder aufhören. Auch das Bauen kleiner Türme aus Finelinern fällt in diese Kategorie. Das ist aber schon eher grenzwertig. Warum? Weil es für andere Schüler interessant wird und damit von Ihrem Unterricht ablenkt. Genauso ist es beim Papierfliegerbauen. Für sich allein sind diese Tätigkeiten harmlos. Sie werden dann zur ernsthaften Störung, wenn der Schüler versucht, die Aufmerksamkeit anderer zu erregen. Und gerade beim Falten von Papierfliegern werden sehr schnell alle möglichen Nachbarn aufmerksam, selbst wenn gar kein Testflug stattfindet.

47

Einen solchen Flugzeugkonstrukteur habe ich übrigens recht erfolgreich ausgeschaltet, indem ich ihn vor die Wahl stellte: Entweder zu Hause (mithilfe des Internets) acht verschiedene Flugzeuge basteln, von denen vier flugfähig sein müssen, oder einen längeren Aufsatz zum Thema „Konzentration und Ablenkung" schreiben.

Die zweite Möglichkeit wäre vielleicht pädagogisch wertvoller gewesen, aber dazu hatte ich schon zu viel Blabla gelesen. Deshalb bot ich ihm umfangreiches Falten an.

Er entschied sich natürlich sofort begeistert für das Basteln. In der nächsten Stunde stöhnte er allerdings ausgiebig, wie aufwendig die Sache gewesen sei. Er fand keine Nachahmer in dieser Klasse.

Ein anderes Beispiel: Die Schüler haben den Auftrag zur Einzelarbeit. Sie erwarten das folgende Bild, denn man darf ja träumen:

Die meisten halten sich auch daran. Man merkt, Sie unterrichten schon seit Längerem in dieser Klasse, alles klappt wie gewünscht. Doch dann sehen Sie den folgenden Doppeltisch:

© AOL-Verlag

Ein ganz eindeutiger Verstoß gegen die Arbeitsanweisung.

Na und? Es stört doch niemanden. Im Gegenteil: Sie selbst stören den Unterricht, wenn Sie sich laut zu diesem Verhalten äußern. Beide Schüler arbeiten an der vorgegebenen Aufgabe. Sie haben festgestellt, dass sie gemeinsam eher zu einem Ergebnis kommen, also arbeiten sie zusammen.

Dass Sie, also der Lehrer, sich etwas dabei gedacht haben, als Sie Einzelarbeit ansetzten, geht vor lauter Eifer einfach unter. Die Aktion ist nicht gegen Ihre Autorität gerichtet.

Also genügt ein kurzes Antippen des unbearbeiteten Blattes, dann ein fragender Blick (Augenbrauen, Stirnrunzeln!), und das Ganze im Vorbeigehen: Es kann so einfach gehen.

Niemand will Ihren Unterricht stören. Also tun Sie es bitte auch nicht. Prinzipienreiterei nach dem Motto „Ich habe es aber anders angeordnet" wäre verfehlt. Die beiden sind in ihrer Aktion harmlos, ihr Eifer ist sogar eher zu loben.

49

Ein anderer Fall: Sie bemerken, dass die Schüler mit Gegenständen werfen.

Justin braucht ein Taschentuch. Marcel wirft es ihm zu. Andere Schüler werden nicht einbezogen, was das entscheidende Kriterium ist. Die beiden sehen sich auch nicht um, ob andere mitkriegen, was sie da machen. Also ist alles in Ordnung. Sie können davon ausgehen, dass beide Akteure rasch zum Unterricht zurückkehren.

Aber was ist im nächsten Bild los?

Alle Schüler sind in ihre Unterlagen vertieft. Dann steht Bernd auf (!) und wirft ein Buch nach Gökan. Das Aufstehen ist schon mal gar nicht gut. Wirklich wichtig ist hier aber die Beobachtung, dass Gökan nicht auf Bernd, sondern in sein Heft schaut. Das geworfene Buch wird also wie eine Bombe einschlagen.

Die Ausrede, dass z. B. Gökan das Buch brauche und Bernd eben gerade daran gedacht habe, gilt nicht. Hier handelt es sich vielleicht wirklich um ein „gerade gedacht", aber gleichzeitig kam der Gedanke, wie sich daraus eine Schau entwickeln lässt. Und dieser Gedanke wird sofort umgesetzt. Auch eine Form von krimineller Energie.

Sie können davon ausgehen, dass nach Landung des Buches auf Gökans Kopf die Blicke der Klasse nur kurz zu Gökan gehen, dann aber alle Bernd anschauen. Der gedenkt sich in der allgemeinen Bewunderung zu sonnen. Hier ist eine scharfe Bemerkung angebracht, und zwar scharf in Formulierung und Lautstärke, z. B. „Bernd, wiederhole meinen letzten Satz. Offenbar hast du die falschen Dinge im Kopf." Kann er den Satz nicht sofort wiederholen, schreibt er ein Protokoll über den Rest der Stunde, ersatzweise ein Gedächtnisprotokoll über die ganze, wenn es schon spät ist.

Lieber ein Beispiel, das nicht ganz so auffällig ist? Der Blick aus dem Fenster ist normal und geschieht regelmäßig.

51

Vielleicht ist ein Vogel vorbeigeflogen. Vermutlich werden Ihre Augen kurz der Blickrichtung des Schülers folgen, insbesondere, wenn dessen Blick in die Freiheit länger dauert. Sie merken, dass der Schüler ein Eichhörnchen entdeckt hat? Unabhängig von der Jahrgangsstufe: Hier und jetzt können Sie Ihren Unterricht vergessen! Gegen Eichhörnchen haben Sie keine Chance. Lassen Sie die ganze Klasse ein paar Minuten zuschauen und unter-

richten Sie hinterher weiter. Sonst pflanzt sich die Entdeckung des putzigen Tierchens nämlich langsam als Flüsterpropaganda weiter und Sie registrieren lediglich eine steigende Unruhe und immer weniger Aufmerksamkeit (für Sie). Also, ein kurzer Blick aus dem Fenster wegen Vogel, Hubschrauber oder Batman ist in Ordnung.

Der Schüler im nächsten Bild schaukelt allerdings zusätzlich noch mit dem Stuhl. Und damit wird es grenzwertig. Dieser Schüler kann Ihrem Unterricht keinerlei Aufmerksamkeit mehr entgegenbringen. Sollte er womöglich hintenüberkippen (passiert ja Gott sei Dank selten, kommt aber vor) und zu Boden fallen, können Sie produktives Arbeit eine Zeit lang vergessen, selbst wenn er sich dabei nicht verletzt. Also: Vielleicht nicht unbedingt als provozierender Angriff geplant, aber mit jeder Menge Potenzial dafür.

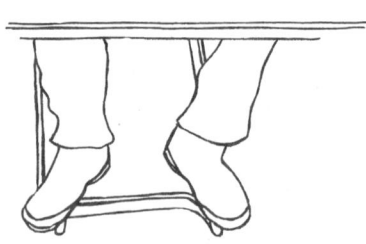

Einen echten Prüfstein für Ihre genaue Beobachtungsgabe und Ihr pädagogisches Gespür stellt der nächste Schüler dar.

Zunächst scheint nicht viel Unterschied zum Gähner und zum Fenstergucker zu bestehen. Allerdings: Er schaukelt und er hat die Ellbogen auf Kopfhöhe ausgestreckt – also durch den ganzen Klassenraum deutlich sichtbar.

Hier ist es wichtig, seine Augen und seinen Mund zu beobachten. Schaut er Sie lächelnd an und hält Ihrem Blick stand? Dann genügt wahrscheinlich ein Handzeichen. (Ich mache hier mit der flachen Hand eine Bewegung von oben nach unten: Alles runter! Das wirkt bereits – und mein Unterricht wird nicht gestört.)

Schaut er allerdings mehr nach seinen Mitschülern und weicht Ihrem Blick aus, so will er Ärger. Kommt dazu noch ein Mund mit mehr oder weniger stark zusammengepressten Lippen, so müssen alle Alarmglocken läuten: Dieser Schüler hat es jetzt und hier darauf abgesehen, Sie zu provozieren und damit Ihre Autorität in Frage zu stellen.

Um Ihrer selbst willen: Ermahnen Sie ihn sofort und in Ton und Formulierung scharf! (Das hatten wir doch gerade beim Buchwerfer, wissen Sie noch?)

Zum Thema des gezielten Angriffs auf Ihre Autorität ließen sich endlos viele Beispiele aufzählen. Sie werden eigentlich immer anhand des Verhaltens des Übeltäters und seiner Umgebung entschlüsselt. Rasche, verstohlene Blicke, wo denn der Lehrer gerade ist, eine auffällig abweichende Sitzhaltung, ständiges Sich-Umschauen, ob die Mitschüler die Aktion auch wahrnehmen: Dahinter steckt Absicht, es ist also ein gezielter Angriff.

Weiß man darum, so kann man Situationen entschärfen, deren Hintergründe man vielleicht noch gar nicht kennt. Man ahnt nur, dass etwas geplant ist.

Wir hatten einmal Gastschülerinnen an unserer Knabenrealschule. Die Balzrituale waren enorm, es fehlte ganz eindeutig an Übung im Umgang miteinander.

In einer 10. Klasse teilte mir ein Schüler mit, dass eines der Mädchen Schwedisch sprechen könne. Das geschah nicht absichtslos; die Schüler wussten, dass ich Micky Maus in den skandinavischen Sprachen lese.

Ich zeigte mich erfreut, bis eben dieses Mädchen mich fragte, ob es etwas auf Schwedisch zu mir sagen dürfe. Alle Blicke richteten sich nicht auf mich, sondern auf eben dieses Mädchen.

Innerlich bereits misstrauisch erlaubte ich die Frage. Das Mädchen stand auf und stellte die Frage: „Er du sprø?" Das Problem war: Ich kannte den letzten Ausdruck nicht, also schaute ich das Mädchen genauer an.

Augen leicht zusammengekniffen, fest auf beiden Beinen stehend, Mund zu einem leicht maliziösen Lächeln geformt, Lauerstellung, Arme angewinkelt (etwas betonte Ellbogen).

Daher fragte ich betont ruhig, aber mit einem eher amüsierten Lächeln (reine Schauspielerei!): „Weißt du genau, was du da gesagt hast?" Sie löste ihre Haltung sofort auf und meinte sehr leise: „Das haben die in Schweden immer zu mir gesagt."

Damit war der Fall erledigt. Zu Hause stellte ich fest, dass die Übersetzung ihrer Frage so lautet: „Bist du blöd?"

Damit will ich zeigen, wie sehr das Lesen der Körpersprache eines Schülers in Situationen helfen kann, die auf den ersten Blick undurchsichtig sind. Manchmal ist es nur ein Schuss ins Blaue, manchmal wird er zum Volltreffer. Also: Immer dann, wenn Sie den Verdacht haben, dass jemand Ihre Souveränität in Zweifel ziehen will, achten Sie besonders genau auf die Körpersprache. Die Signale für Angriffslust sind meistens durchaus erkennbar und Ihre persönliche Wahrnehmung dieser Signale wird täglich leichter und schneller werden.

Wann und wie einschreiten?
Stark oder beiläufig?

Lassen Sie mich noch einmal zu den beiden Schülern zurückkehren, die Einzelarbeit zu zweit machen. Diesmal will ich etwas ausführlicher werden. Dabei werde ich die Schlüsselbegriffe noch einmal betonen, weil sie entscheidend für alle weiteren Ausführungen sind.

Die Verhaltensweise dieser beiden Schüler greift Ihre Rolle als Lehrer und Autorität in keiner Weise an. Das ist der entscheidende Punkt. Die beiden wissen zwar, dass sie allein arbeiten sollten, aber sie sind so in die Aufgabe vertieft, dass es ihnen wichtiger ist, sich gegenseitig Hilfestellung zu geben und gemeinsam zum Erfolg zu kommen. Deshalb nehmen sie eine Rüge in Kauf und kommen wahrscheinlich gar nicht auf die Idee, dass ihr Handeln im Sinne des Lehrers falsch ist. Deshalb sollte dieser auch entsprechend sanft reagieren, und zwar aus zwei unterschiedlichen Gründen:
Zum einen genügt ein halblauter Hinweis auf Einzelarbeit (unterstützt von einem Zeigefinger, der auf das unbearbeitete Blatt tippt), während Sie vorbei-

gehen. Sollten Sie gerade weiter weg mit einem anderen Schüler beschäftigt sein und die beiden beim Kontrollblick wahrnehmen, genügt Folgendes: Rufen Sie halblaut den Namen des Schülers, der <u>nicht</u> auf seinem Blatt arbeitet. Wenn Sie seine Aufmerksamkeit haben, legen Sie den Kopf leicht schräg und runzeln die Stirn. Es wird fast immer funktionieren.

Zum anderen würde jede laute und ausführliche Belehrung die übrigen Schüler aus ihrer Konzentration reißen. Damit sind diese aber wieder störanfällig. Also bitte nicht.

Dies ist also eine Störung, die vom Schüler für einen (für ihn) höheren Wert (Lösen der Aufgabe) in Kauf genommen wurde. Das Einschreiten des Lehrers erfolgt sanft und nebenbei.

Anders sieht es in der folgenden Situation aus:

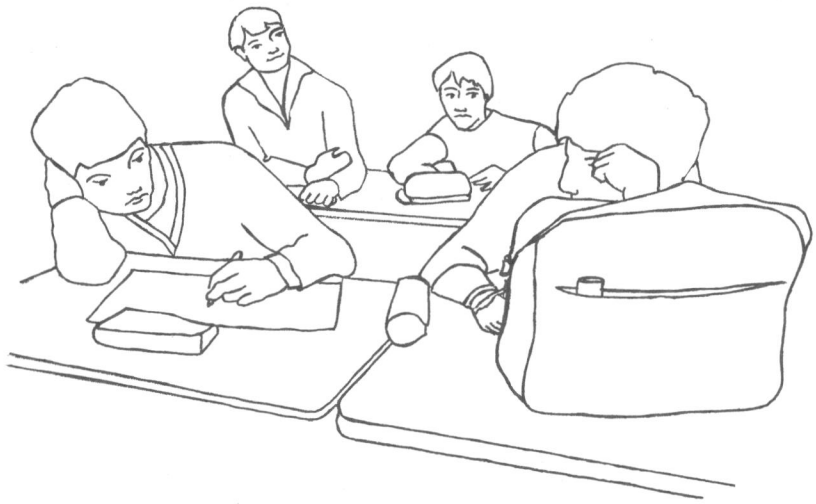

Was sehen Sie? Klar, der Schüler im Vordergrund hat seine Tasche auf den Tisch gestellt und sitzt dahinter in Deckung. Das riecht nach Unrat, obwohl sich der Nachbar (noch) von seinem Verhalten distanziert.

Ganz entscheidend aber ist das Interesse, das die beiden Schüler im Hintergrund zeigen. Insbesondere das leichte Lächeln des linken Schülers zeigt Ihnen, dass in allernächster Zukunft ein genialer Gedanke Ihren Unterricht massiv stören wird.

Dies ist also erkennbar ein gezielter Angriff des Schülers mit der Tasche auf Sie und Ihren Unterricht und er hat bereits begonnen. Hier müssen Sie sofort und wirksam eingreifen.

Nur wie? Sie haben meiner Meinung nach drei Möglichkeiten mit unterschiedlichen Wirkungen.

Sie können den Schüler auffordern, seine Tasche auf den Boden zu stellen. Allerdings erfahren damit alle anderen Schüler, dass hier ein (ziemlich großer) Zwerg den Aufstand probt. Da er schräg zum Lehrerpult sitzt und den Kopf abgewandt hat, ist mit ziemlich träger Reaktion zu rechnen, vielleicht auch mit pampigem Gemaule.

Das heißt: Der Schüler hat ein Teilziel seiner Aktion erreicht, Ihr Unterricht ist gestört. Und er hat seine Position in der Peergroup bestätigt oder verbessert, jedenfalls seiner Meinung nach. Wenn's dumm läuft, dauert die folgende Störung auch länger.

Besser scheinen mir zwei andere Möglichkeiten. Die kurze ist, dass Sie im Vorbeigehen die Tasche an ihren Platz auf den Boden stellen. Wortlos! Der Schüler wird Sie sicher anschauen und Sie können mit strenger Miene leicht den Kopf schütteln. Als Verstärkung ist ein (ganz) leises, aber entschiedenes „Nein!" denkbar. Ganz nebenbei muss der Schüler dabei auch seine Haltung auflösen. Das dürfte die Situation als solche bereinigen. Ihr Unterricht läuft weiter.

Ist mir der Schüler schon mehrfach als Störer aufgefallen, braucht er vielleicht ein persönliches Gespräch. Aber bitte auf keinen Fall hier und jetzt. Es wäre eine Unterbrechung des Unterrichts, die Sie selbst zu verantworten haben. Mindestens ebenso wichtig ist es aber, das Gesicht des Schülers zu wahren. Sehen Sie sich die Altersgruppe an – Teenager in der Pubertät! Also reines Dynamit.

Wenn ich daher mit diesem jungen Herrn sprechen will, so nehme ich im Vorbeigehen seine Tasche und stelle sie auf das Lehrerpult. Springt er sofort empört auf, so versuche ich ein „Später!"

Richtig, ich versuche es nur. Auf keinen Fall lasse ich mich in eine Diskussion ein. Holt er sich die Tasche gleich, so sage ich ihm leise, dass er nach der Stunde zu mir kommen soll. Während er sich setzt, mache ich mir so unauffällig, dass er es auf jeden Fall bemerken muss, eine Notiz auf ein Blatt oder auf einen kleinen Block. Mein Lehrerkalender ist mir zu schade dafür, das Notenbüchlein auch. Aber diese kleinen Spiralblöcke im Format DIN A7 oder

A6 eignen sich sehr gut dafür. Dasselbe mache ich, wenn er am Platz bleibt und die Tasche später holt.

Es geht dabei gar nicht darum, ob ich mir die Situation merken kann – das dürfte vermutlich kein Problem sein. Nein, mit dieser Aktion lasse ich ihn ganz langsam auf kleiner Flamme schmoren. Der Trick mag hinterhältig oder primitiv sein, aber er wirkt. Langsam wird er mürbe.

Nach der Stunde kann ich dann unter vier Augen die Sache mit ihm besprechen – ohne die Zeugenschar seiner Mitschüler, also ohne den Druck für den Schüler, seine „Männlichkeit" beweisen zu müssen.

Ach, bei Ihnen macht das ein Mädchen? Hier gilt für die Schonung vor der Peergroup ganz genau das gleiche. Mit einer Bloßstellung gefährden Sie die Position des Mädchens in der Hackordnung. (Nein, ich habe nicht „auf dem Hühnerhof" gesagt.)

Ich wiederhole sinngemäß: Sie arbeiten hier mit Nitroglyzerin. Und Jungs können manchmal noch größere Zicken sein als Mädchen.

Alle bisher gezeigten Situationen entstehen während des Unterrichts und enthalten eine Handlung. Wo etwas passiert, werden wir am schnellsten aufmerksam.

Wichtig erscheint mir aber, dass Sie Gefahrenpunkte erkennen, bevor sie in Aktion münden. Das stärkt Ihre Souveränität und baut Vertrauen bei den Schülern auf. Damit bekommen Sie noch mehr Autorität und können noch leichter agieren, also unterrichten.

Vor allem aber ist eines dabei wichtig: Zum gegebenen Zeitpunkt genügen ein Satz oder zwei, die nur ein Teil der Klasse mitkriegt.

Damit sind zwei Dinge erreicht (Ich wiederhole mich bewusst!): Der Schüler fühlt sich nicht „am Pranger". Damit hat er es nicht nötig, sich vor der Peergroup zu beweisen. Und das Ganze geht schnell. Damit bleibt Ihr Unterricht geradlinig, Sie können Ihre Stundenplanung locker durchziehen. Na ja, zumindest so wie geplant oder ganz ähnlich.

Sie betreten also nach der Pause das Klassenzimmer und sehen einen Schüler im Tafelraum stehen.

Nach strengen Maßstäben wäre seine Haltung eine Provokation: Lässige Haltung, Hemd hängt aus der Hose, Hände in den Taschen. Er steht ganz locker auf einem Bein – keine Angriffsabsicht. Dazu ein durchaus freundliches Lächeln.

© AOL-Verlag

58

Und dies ist ausschlaggebend. Der Schüler sieht Ihnen in die Augen und ist sich keiner Schuld und keiner Gefahr bewusst. Er will einfach Ihre Aufmerksamkeit erregen und sich ein bisschen vor den Mitschülern produzieren. Das halte ich für durchaus legitim. Er bekommt also eine freundliche, wenn es geht, witzige Bemerkung („Schickes Outfit, und jetzt runter vom Catwalk. Das ist mein Platz.") und wird an seinen Platz geschickt. Druck ist nicht nötig. Er wäre sogar kontraproduktiv, weil er grundlos Spannung erzeugt.

Übrigens: Witzig ist wichtig. (Das liegt Ihnen nicht? Klauen Sie hemmungslos bei einem Comedian, dessen Humor Ihnen liegt. Geht gar nicht? Dann verhalten Sie sich betont ruhig und freundlich.) Dabei dürfen Sie aber nie verletzend werden. Ironie ist gefährlich, weil die einen sie nicht verstehen und die anderen sie als ernsthafte Bedrohung ihrer Person betrachten. Vorsichtiger Spott kann gelingen, zumindest bei manchen Schülern. Das müssen Sie selbst richtig einschätzen. Beobachten Sie das Gesicht, vor allem die Augen. Ein plötzliches Erschlaffen ist ein Anzeichen, dass Sie sich entschuldigen müssen.

Ernsthafte Spannung im Sinne einer Bedrohung liegt beim nächsten Bild von Anfang an vor:
Fest mit dem Boden verankert, steht der Schüler im Klassenzimmer. Die Hände stecken tief in den Taschen. Die Lippen sind zusammengepresst, Aggression pur. Dabei ist es egal, ob seine Aggression in Ihre Richtung geht oder in Richtung der Mitschüler.

Was ist der Grund für seine Haltung? Ich kann mir nicht vorstellen, dass sie ihren Grund in Ihrer Person hat; möglicherweise werden Sie zum Zielobjekt, aber die Ursache liegt woanders.

Ziemlich wahrscheinlich ist es, dass Sie nach der Pause oder seltener in der ersten Stunde dieser Haltung begegnen.

Hier ist jemand kurz vor dem Explodieren. Der Druck, den er in sich aufbaut, hat seine Ursache in Geschehnissen, die vor Ihrem Eintreten passiert sind. Es kann z. B. in der Pause gewaltigen Streit bis kurz vor der Schlägerei gegeben haben. Vielleicht hat es auch bereits Schläge gegeben. Wenn Sie über diesen Moment einfach hinweggehen, so glimmt eine Lunte.

Es kann genügen, dass ihn während der nächsten zehn Minuten sein Nachbar versehentlich mit dem Ellbogen anstößt – Wumm! Ihr schöner Unterricht ...

Und wenn es noch so seltsam aussieht, bei dem nächsten Schüler haben Sie das gleiche Problem:

Auch dieser Junge hat ein Erlebnis hinter sich, an dem er kaut. Er ist am Boden zerstört. Wenn Sie nichts unternehmen, kumuliert seine negative Stimmung. Das kann einerseits in eine ausgeprägte Depression, andrerseits auch zu einer lautstarken Entladung führen.

Was also tun?

Sicherlich wäre es in beiden Fällen äußerst unklug, ein Gespräch in normaler Lautstärke vor der ganzen Klasse zu führen. Der erste Schüler empfände dies als direkten Angriff, der zweite als zusätzliche Demütigung.

Hier gibt es keine Patentlösung. Ich selbst würde jeden der beiden Schüler leise ansprechen und vor die Türe bitten. Die Klasse erhält einen kurzen Auftrag.

Dort – unter vier Augen – können, nein, müssen Sie nach der Vorgeschichte fragen. Sollte es notwendig sein, noch mit einem anderen Schüler oder mit mehreren zu sprechen, so müssen Sie abwägen: Jetzt sofort oder später?

Wenn die Sache dringlich ist, können Sie dem Schüler Folgendes vorschlagen: Zunächst kommt eine (kurze) Unterrichtssequenz, dann erhält die Klasse einen etwas größeren Auftrag und Sie werden währenddessen die notwendigen Gespräche führen.

Sie haben Einzelarbeit gar nicht vorgesehen? Dann kann ich Ihnen nur empfehlen, ganz grundsätzlich zwei oder drei Module für Einzelarbeit im Kopf oder im Pult zu haben. Es kann immer wieder Situationen geben, in denen Sie Freiraum für ein Einzelgespräch brauchen.

Wenn Sie also in solchen Ausnahmesituationen durch entsprechende Vorbereitung flexibel reagieren können, so hat das einen fast unschätzbaren Wert: Sie können Fürsorge für den Einzelschüler zeigen und geben trotzdem die Unterrichtsführung keinen Augenblick aus der Hand.

Damit beweisen Sie natürliche Autorität und festigen diese. Die Module können Sie außerdem bei überraschenden Vertretungsstunden sicherlich gut brauchen.

Da wir gerade bei Situationen beim Betreten des Klassenzimmers sind, will ich Ihnen noch ein Beispiel zeigen.

In Bayern gibt es, vor allem kirchlich geführt, noch reine Knabenschulen; Koedukation ist keineswegs selbstverständlich. Ich habe selbst an einer solchen unterrichtet. Der ständige Hauch von Anarchie hat die Sache manchmal richtig spannend gemacht.

An dieser reinen Knabenschule komme ich also beim Stundenwechsel ins Klassenzimmer und bin mit folgender Situation konfrontiert:

Eine ganze Gruppe von Schülern steht vor der Tafel, einer hat den anderen bei den Haaren und die Schlaghand leicht ausgezogen. Hier vorschnell lautstark zu reagieren, wäre ziemlich ungeschickt. Den Grund finden wir bei genauerer Betrachtung der Gesichter. Ganz allgemein: Keiner der Schüler ist rot vor Zorn oder presst wütend die Lippen zusammen.

Sehen wir uns die Mimik im Einzelnen an, so sehen wir eigentlich eher spielerische Freude. Man hat gerade seinen Spaß.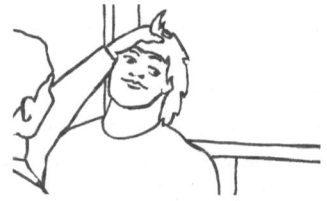
Das Opferlamm schmunzelt leicht. Seine Augen sind nicht auf den Angreifer gerichtet, sondern zur Seite. Das kann entweder zu dem Jungen sein, der am Rand der Tafel steht, oder zum Lehrer: „Muss der ausgerechnet jetzt kommen?"

Hier ist nicht die Rede von einem „Sich-bedroht-Fühlen". Er hat auch keine Angst, dass der Lehrer jetzt womöglich scharf reagiert. Wie schon bemerkt: Die Herrschaften amüsieren sich.

Der Schüler, der direkt hinter dem Angreifer steht, grinst. Offensichtlich fühlt er sich königlich unterhalten. Er fährt nicht erschrocken zurück und schaut auf den Lehrer. In der Situation, nach der diese Zeichnung entstanden ist, hat er sogar den Angreifer seinerseits an der Jacke gezogen. Reines Spiel.

Der letzte Beweis: Der Schüler am rechten Rand der Tafel ist ausgesprochen desinteressiert. Und auch er fährt nicht zusammen, als der Lehrer das Zimmer betritt. Nun: Dies muss nicht immer ein Zeichen dafür sein, dass sich niemand einer Schuld bewusst ist. Manchmal sind ernsthafte Schlägereien so intensiv, dass man als Lehrer einfach nicht bemerkt wird. In diesem Fall sprechen aber alle anderen Faktoren für „Die wollen ja bloß spielen".

Aufgelöst habe ich die Situation übrigens mit der Frage, wo die Jungs denn hier im Klassenzimmer die Mädchen versteckt hätten. (Knabenschule!) Auf den erstaunten Blick der Schüler folgte der lockere Satz: „So eine Schau zieht ihr doch sonst nur auf dem Balzplatz ab." Allgemeines Gelächter, der Unterricht konnte beginnen.

Die bisher vorgestellten Situationen lagen vor dem Unterricht, bei Stundenwechsel oder nach der Pause bzw. entstanden während des Unterrichts aus einer Handlung heraus.

Doch wo (und wie) entsteht Potenzial zur Störung während der Stunde? Es dauerte lange, bis ich erkannte, dass selbst ganz harmlose Situationen nicht risikofrei sind.

© AOL-Verlag

Ist das nicht ein Schüler, wie man ihn sich wünscht? Hochkonzentriert lauscht er Ihren Ausführungen. Und genau hier liegt die Falle: Beachten Sie die Armstellung (leicht verkrampft) und die schmalen Lippen. Dieser Schüler ist am Rande seiner Leistungsfähigkeit. Er will auf gar keinen Fall stören – oh nein. Er möchte alles mitkriegen und verstehen. Möchte er, aber kann er das auch? Sollte man nicht einfach glücklich über seine Aufmerksamkeit sein?

Bitte helfen Sie ihm. Lassen Sie ihn handeln, also eine (leichte) Frage beantworten oder noch besser etwas tun, bei dem er aufstehen muss. Er wird nicht merken, warum Sie das tun. Sie aber werden sehen, dass er dem weiteren Unterricht etwas gelöster folgen wird.

Alternativ ergibt sich die Möglichkeit, dass gerade dieser bemühte Schüler eine Störung auslöst – aus Notwehr gegen die momentane Überforderung.

Auch dieser Schüler hier will nicht stören – eigentlich. Allerdings driften seine Augen bereits vom Arbeitsblatt weg ins Land der unterrichtsfreien Träume. Daher empfiehlt sich auch hier, den jungen Herrn zu aktivieren. Wie gesagt: Er will ja nicht stören. Allerdings werden seine Mitschüler recht schnell bemerken, wenn er in die nächste Phase übergeht:

Damit aber wird auch er zum Störfaktor, weil sich seine Mitschüler darüber amüsieren. Also: Keine Rüge, bitte. Aber lassen Sie auch diesen Schüler etwas tun.

Opfer und Aggressor: Wer war's?

Wenn ich während der Materialsammlung zu diesem Buch mit Kollegen über den Inhalt sprach, so lautete eine immer wiederkehrende Frage: Wie kann man feststellen, wer in einer Chaosgruppe der Auslöser ist?
Einige Kollegen stellten dagegen die Frage nach dem Verursacher. Dieser Unterschied erscheint mir sehr wichtig.
Das Problem kennen Sie wahrscheinlich aus dem täglichen Unterricht. Es ist die ganze Zeit schon ziemlich unruhig und dann passiert Ihnen – aus dem Bauch heraus – ein entscheidender Fehler. Sie stoßen eine ultimative Drohung aus.
„Der nächste Schüler, der jetzt noch stört, bekommt eine saftige Übungsaufgabe/Mitteilung/einen Verweis." Vorsichtig ausgedrückt: Sehr ungeschickt gemacht. In der Regel erwischt man nämlich ein ganz harmloses Häschen, das normalerweise kaum unangenehm auffällt. Diesmal tappt es natürlich genau in diese Falle, die eigentlich für einen anderen Rabauken gedacht war.
Was wollen Sie machen? Um glaubwürdig zu bleiben, müssen Sie genau diesen Schüler bestrafen, auch wenn Ihnen das Herz blutet. Kann man das vermeiden?
Der einfachste Weg ist natürlich der, grundsätzlich auf ultimative Drohungen zu verzichten. Sie sind ein Zeichen von Schwäche, weil Sie offenbar eine allgemeine Störung nicht an einzelnen Schülern festmachen können. Sie sind aber eine starke, selbstbewusste Lehrkraft, die dergleichen nicht nötig hat.
Sie können eine solche Situation eigentlich nur vermeiden, wenn Sie bereits vorher ein oder mehrere Unruheherde ausgemacht und bekämpft haben.
Nur: Wie stellt man fest, wer in diesem Unruheherd die treibende Kraft ist?
Beobachten Sie die Schüler möglichst unauffällig. Werfen Sie z. B. aus einer Drehung heraus nur einen kurzen Blick auf die betreffende Gruppe. Versuchen Sie zu sehen, ob einer der Schüler immer wieder mit kurzen Blicken kontrolliert, was Sie, die Lehrkraft, gerade machen. Glauben Sie, den Verursacher gefunden zu haben, so sehen Sie ruhig genauer hin. Diesmal darf er es merken.
Sitzt er in einer von den anderen Schülern abweichenden Haltung? Verändert er jetzt (!) seine Sitzhaltung in Richtung „braver Normalschüler", passt sie also der seiner Nachbarn an? Arbeitet er besonders demonstrativ in dem Moment, in dem er Ihren Blick bemerkt?

Zuletzt noch eine ganz wichtige Beobachtung: Versucht er, Blickkontakt mit Schülern in anderen Gruppen bzw. an entfernteren Tischen aufzunehmen? Mit ziemlicher Wahrscheinlichkeit haben Sie hier den Antreiber. Das heißt aber noch lange nicht, dass er auch derjenige ist, der in den nächsten Minuten unangenehm auffallen wird.

In einer Mittelschule, 8. Jahrgangsstufe, Ganztagesklasse, gab es eine Dreiergruppe, die bei allen (!) Lehrern regelrecht gefürchtet war. Zwei der Schüler störten immer wieder so massiv, dass sie regelmäßig aus dem Unterricht ausgeschlossen wurden. Der dritte war offensichtlich eng mit den anderen verbunden, fiel aber nie als Aktionsführer auf. Er galt als unauffälliger Mitläufer.

Ich hatte das Privileg, als zweiter, also zusätzlicher Lehrer in dieser Klasse hin und wieder in Vertiefungsstunden mitzuarbeiten. Damit hatte ich weitaus mehr Gelegenheit, einzelne Schüler zu beobachten, als das im Normalunterricht möglich gewesen wäre. Dabei fiel mir das oben beschriebene Verhalten gerade bei diesem Mitläufer auf. Bei Gelegenheit informierte ich die Kollegen über meine Beobachtung. Daraufhin warfen auch sie einen genauen Blick auf Nummer Drei. Binnen kürzester Zeit bestätigte sich: Dieser relativ unauffällige Schüler war die treibende Kraft, die immer wieder Unruhe verursachte. Er verstand es ausgezeichnet, seine Mitschüler anzustiften.

Missverstehen Sie mich nicht: Die beiden anderen Schüler hatten durchaus genug eigene Ideen, um den Unterricht aus ihrer Sicht spannender zu gestalten. Er ergänzte diese aber durch eigene Beiträge und vor allem: Er zählte regelmäßig einen Countdown, nach dem seine Nachbarn raketenartig starteten. Das war für ihn ungefährlicher, als selbst tätig zu werden. Als er aus der Gruppe entfernt war, nahm die Zahl der Störungen deutlich ab.

Normalerweise haben Sie keine zweite Lehrkraft bei sich. Aber auch so haben Sie eine Gruppe als Auslöser für größere Unterrichtsstörungen ausgemacht. Einen bestimmten Schüler haben Sie im begründeten Verdacht, der hauptsächliche Verursacher zu sein. Was machen Sie nun?

Sie haben verschiedene Möglichkeiten. Sie können – ohne durch Aktionen in den Vordergrund zu treten – durch Ausnutzung Ihres Raumvorteils alle negativen Ansätze im Keim ersticken.

Ich habe bei CASWELL (2003) von einer australischen Lehrerin gelesen, bei der sich die Schüler an jedem Tag (!) ihre Sitzordnung selbstständig und frei aussuchen durften. Es mussten nur immer Sechsergruppen sein.

Eine davon fiel von Anfang an durch Störversuche auf. Die Gruppenmitglieder hatten den Platz links hinten gewählt, also möglichst weit weg von Lehrerpult und Tafel.

Beim ersten Anzeichen von Unruhe in dieser Gruppe wechselte die Lehrerin ihren Platz und unterrichtete hauptsächlich von der Mitte des Raumes aus und im hinteren Drittel. Die spezielle Gruppe wurde nicht direkt angesprochen. Gar nicht seltsamerweise blieb sie an diesem Tag ziemlich ruhig. Die Lehrerin war ja ständig unterhalb der 3-Meter-Grenze in ihrer Nähe. Das konnten die Schüler natürlich nicht auf sich sitzen lassen.

Am nächsten Tag suchten sie sich ihren Sitzplatz vorne rechts. Und? Richtig gedacht: Die Lehrerin hatte ungemein viel an ihrem Pult, an der Tafel und zwischen den ersten Schülern zu tun. Wieder gab es keinen größeren Abstand.

Nach zwei weiteren Tagen gab die Gruppe auf und verteilte sich. Ihre persönliche Dynamik war unterlaufen worden.

Diese Möglichkeit haben Sie selbstverständlich auch. Voraussetzung ist hier allerdings, dass Sie methodisch sehr flexibel sind. Bitte üben Sie einen Methodenwechsel in harmlosen Situationen. Sie müssen Ihre Schüler ziemlich genau kennen (oder es bei dieser Gelegenheit einfach ausprobieren), weil Sie Ihre Tafelanschriften, das Verteilen von vorbereiteten Arbeitsblättern und dergleichen delegieren müssen. Das geht zwar im Prinzip meistens etwas langsamer als wenn Sie vieles davon selbst tun, unterm Strich aber kommen Sie zumindest auf die gleiche Unterrichtsgeschwindigkeit wie sonst, weil Unterbrechungen zur Disziplinierung wegfallen.

Nehmen wir einmal an, Sie haben keine solche Spezialtruppe in Ihrer Klasse. Der Unterricht läuft, Sie schreiben etwas an die Tafel, da bricht hinter Ihnen das Chaos aus. Lautstark beschimpft ein Schüler seinen Vordermann. Er zeigt deutlich mit dem Finger auf ihn. Und der Beschuldigte dreht sich auch noch um und wirkt irgendwo zwischen belustigt und erstaunt.

Was nun? Spontan wird man den Schüler ansprechen, der sich umdreht. Nur wie? Ein einfaches „Dreh dich wieder nach vorne!" ist nicht so ganz angemessen. Offensichtlich herrscht ja gerade ein Kommunikationssturm innerhalb der Gruppe. Den sollten Sie zunächst einmal beseitigen. Wenn Sie den „Umdreher" nun mehr oder weniger scharf ermahnen, können sich recht unangenehme Folgen für Ihre Autorität ergeben.

Dieser Schüler ist nämlich mit ziemlicher Wahrscheinlichkeit nicht (!) der Auslöser der Unruhe. Wie ich darauf komme? Sehen Sie mal auf die Augen seiner Mitschüler:

Die schauen nämlich keineswegs auf ihn, sondern auf den Rabatzmacher. Der gebärdet sich höchst empört und wirft seinem Vordermann lautstark irgendein Vergehen vor. Die normale Reaktion der Umgebung ist, dass die Schüler sehen wollen, worüber hier so wortreich geklagt wird. Die hier schauen aber keineswegs auf den Schüler in der ersten Reihe, sondern auf den Krawallmacher, und zwar länger. Dabei wirken sie auch nicht irgendwie empört, sondern eher belustigt. Das aber heißt, dass er die eigentliche Quelle ist.

Sogar die Nachbarin des Beschuldigten schaut nicht auf diesen, sondern dreht sich auch nach hinten um, um den lautstarken Störer zu betrachten. Er ist also für alle anderen Schüler der Ausgangspunkt der Störung.

Grundsätzlich können Sie davon ausgehen, dass Schüler in einem solchen Fall immer auf den schauen, der die Ursache der Störung ist. Das ist aber in diesem Fall ganz entschieden nicht der Junge im Vordergrund.

Gefährlich wäre es nun, ohne weitere Beweise sofort über den lautstarken Schüler herzufallen. Es bleibt Ihnen nichts anderes übrig, als Ursachenforschung zu betreiben. Damit wären wir aber wieder bei der Anfangsfrage: „Wer war's?"

Sie haben allerdings hier einen kleinen Vorteil (von dem die Schüler vermutlich nichts ahnen): Sie haben die Augen und damit den Aufmerksamkeitsfokus der Mitschüler beobachtet. Das geht in Sekundenbruchteilen, das merkt keiner. Und für die ruhig gestellte Frage, was hier eigentlich los ist, haben Sie ein meist nur Psychologen bekanntes Messinstrument.

Bitte schütteln Sie jetzt nicht den Kopf über meine Einfallslosigkeit. Aber es geht schon wieder um die Augen, diesmal um die Blickrichtung der Befragten. Bei einer Fortbildung hörte ich, dass Rechtshänder beim Lügen meistens nach rechts (oben) schauen, also in Richtung ihrer rechten Gehirnhälfte. Bei Linkshändern geht der Blick nach links. Umgekehrt wandert die Blickrichtung in die entgegengesetzte Richtung, wenn die betreffende Person versucht, sich angestrengt an etwas zu erinnern. (Das ist heute heftig umstritten, trifft aber meiner eigenen Erfahrung nach zu.)

Das Schlüsselwort in diesem letzten Absatz ist „meistens". Ausgesprochen kontraproduktiv wäre es, wenn es genau bei diesem Schüler anders wäre. Wenn Sie zu den ganz gründlichen Menschen gehören, die immer auf alles vorbereitet sein wollen, so benutzen Sie bereits am Schuljahresanfang die mündliche Leistungserhebung für einen „Eichvorgang". Notieren Sie (am einfachsten auf einem Sitzplan, nur mit einem kleinen Pfeil) während einer mündlichen Abfrage, wohin ein Schüler blickt. Dann können Sie den Wahrheitsgehalt aller anderen Aussagen während des Jahres durch einen Blick in die Augen erkennen.

Sitzplan? Bei gleichbleibender Sitzordnung, wie es normalerweise üblich ist, ein geniales Instrument zur Sicherung Ihrer Autorität. Wenn Sie binnen kürzester Zeit, im Idealfall am ersten Tag, jeden Schüler sofort mit seinem Namen ansprechen können, so sind die Kinder bzw. Jugendlichen schlicht überwältigt. Sie zeigen vom ersten Augenblick an, dass Sie nicht mit anonym vor Ihnen sitzendem „Material" arbeiten, sondern dass Sie jede Person als Persönlichkeit achten.

Die Indianer Nordamerikas glauben, dass derjenige Macht über sie besitzt, der ihren Namen kennt. Deshalb hatten sie zumindest früher drei: einen Kriegsnamen, einen für den Stamm und einen ganz persönlichen, den nur die eigene Familie kannte. Wir haben keine Indianer vor uns, aber den Namen zu kennen, verleiht trotzdem Macht.

Der Sitzplan hilft dabei. Als Lehrer an einer weiterführenden Schule hatte ich jedes Jahr etwa 150 Schüler (Fächer Deutsch und Englisch), ungefähr die Hälfte davon war stets neu für mich. So schnell wie möglich ließ ich mir einen Sitzplan geben, am liebsten vom Klassleiter, denn der war der erste, der einen hatte.

Diesen Plan habe ich ganz klein auf ein Blatt in der Größe DIN A7 geschrieben und mit einer Büroklammer an der Seite des Englischbuches befestigt, das ich an diesem Tag brauchte. So konnte ich manchmal schon am ersten Tag jeden Schüler persönlich ansprechen. Toller Effekt!

„Wenn der Herr Bauer mir in die Augen schaut, dann weiß er sofort, ob ich die Wahrheit sage oder lüge." Wenn Schüler untereinander solche Aussagen kolportieren, haben Sie ein für alle Mal gewonnen. Es wird immer weniger Versuche geben, Ihnen mit einer Unwahrheit zu kommen.

Ausnahmen bestätigen die Regel. Es gibt Jugendliche, die Sie mit solch eiskalter Sicherheit belügen, dass Sie keine Chance haben. In der Regel haben diese die Situation vorher im Kopf durchgespielt und brauchen sich daher nur noch an die ausgedachten Lügen zu erinnern. Dann nützt der schönste „Eichblick" nichts mehr. Ich hoffe nur, dass Sie es nicht mit solchen Schülern zu tun bekommen.

Falls doch, kann Ihnen das Verlegenheitslächeln eines solchen Schülers weiterhelfen. Wenn Sie aufgrund äußerer Umstände zu der Ansicht kommen, dass der Schüler lügt, und wenn Sie ihm das auf den Kopf zusagen, so wird er fast immer leicht verlegen lächeln. Für Sie bedeutet das: Erwischt!

Und wenn auch das nicht fruchtet? Befragen Sie die Schüler in der Nachbarschaft, wenn möglich, unter vier Augen. Wenn drei feststellen, dass der „eichfeste" Schüler angefangen hat (und dies durch „Erinnerungsblick" von Seiten dieser Schüler unterstützt wird), dann glaube ich in dem Fall an die Mehrheit. Ich sage dem Schüler auch ganz klar und deutlich, dass er mit seiner Aussage allein steht. Manche knicken spätestens hier ein.

Der Fall, den wir gerade hatten, ist typisch für Schüler, die per se den Unterricht stören wollen. Es geht ihnen darum, eine Unterbrechung im Tagesbetrieb zu erreichen und sich selbst in den Mittelpunkt zu stellen. Dabei geht es fast immer um einen Platzgewinn in der Hackordnung der Peergroup, der auf Ihre Kosten erfolgen soll.

Es kann aber auch zur massiven Störung kommen, ohne dass diese Absicht zugrunde liegt. Deshalb sehen Sie sich bitte diesen Fall an.

Auf den ersten Blick scheint die Sache klar zu sein:

Ben stört Paul und gefährdet dessen Heftein-
trag durch Schubsen. Das ist der Anfang einer
Störung, die sich auf den ganzen Unterricht
auswirkt. Aber ist Ben wirklich der Störer? Damit meine ich nicht den, der einen Kleintumult
auslöst, sondern den Verursacher. Schauen Sie
sich die Gesichter an. Glauben Sie mir, im Unterricht geht das blitzschnell.

Paul, das scheinbare Opfer, zeigt einen eher selbstzufriedenen Gesichtsausdruck, obwohl ihn sein Nachbar bereits an der Schulter anfasst. Das ist
doch nicht normal!

Ben, der Angreifer, hat die Lippen fest zusammengepresst. Er
hält sich am Tisch fest und hat
sein Schreibgerät aus der Hand
gelegt. Er ist offenbar hoch empört. Das passt nicht zu der
Grundeinstellung: „Machen wir
uns doch einen Spaß und bele-
ben den Unterricht."

Und jetzt noch ein Blick auf die Hinterleute:

Sie haben von Bens Störaktion bis jetzt offenbar noch gar nichts mitgekriegt und schau-
en auch gar nicht hin. Was bedeutet das?

In meinen Augen liegt hier ein Störversuch des Unterrichts durch Paul vor.
Die Gründe, mein lieber Watson, liegen auf der Hand.

Wenn ich bei der Arbeit gestört werde, tue ich alles Mögliche, aber ich grin-
se nicht selbstzufrieden in mich hinein. Und wenn ich den Unterricht stören
will, indem ich den Nachbarn schubse, schaue ich nicht bitterböse und ver-
kniffen. Schon gar nicht lege ich den Füller aus der Hand und stütze mich bei
der Aktion am Tisch ab. Außerdem scheint das Ganze sehr plötzlich ange-
laufen zu sein, weil die Hinterleute noch gar nichts gemerkt haben. Also hat
Paul Ben provoziert.

Ihnen ist der „Watson" aufgefallen? Ich habe die Situation mit Schülern nach
einem tatsächlichen Fall durchgespielt und besprochen. Sie nannten das
„echte Detektivarbeit".

Und genau das machen wir, wenn wir versuchen, den Schuldigen bei einer
Unterrichtsstörung zu finden, in die mehrere Schüler verwickelt sind. Hier ist
die Suche nach Gerechtigkeit ein entscheidendes Fundament für Ihre Autorität und das Vertrauen, das die Kinder und Jugendlichen zu Ihnen haben.

Übrigens: Nicht nur bei Gruppen ist der Störfaktor zu suchen. Relativ häufig
fällt ein Schüler durch Fehlverhalten auf und wir rügen ihn mit größter Selbst-
verständlichkeit. Recht oft erhalten wir dabei den empörten Einwand: „Aber
ich hab' doch nur …, weil der/die ..." Also: Ein Einzeltäter, der aber nur Re-
agierender ist. Der eigentliche Verursacher ist eine andere Person.

Das ist sehr selten eine Ausrede. Natürlich spricht es den Ausführenden
nicht frei, ich muss ihm schon klar machen, dass sein und nur sein persönliches Verhalten Anlass für die Rüge ist. Gelb bei Foul, Rot bei Revanchefoul.
Gleichzeitig sollte ich aber auch seiner Klage nachgehen.

Selbstbewusstsein ausstrahlen

Sie verfügen nun über die Grundlagen, um die Absichten eines Schülers „lesen" zu können. Außerdem habe ich Ihnen in einigen Situationen verschiedene Möglichkeiten der Reaktion gezeigt. Welche davon Sie wählen und wie sich diese Reaktion im konkreten Fall auswirkt, hängt in hohem Maße von Ihrem Selbstverständnis ab.

Selbstverständnis? Oder Selbstbewusstsein? Ich gehe einmal davon aus, dass Sie sich als Führungspersönlichkeit verstehen, zumindest sollten Sie das im Klassenzimmer sein. Diese Persönlichkeit müssen Sie aber auch zeigen. Mit anderen Worten: Sie müssen Selbstbewusstsein ausstrahlen. (Politisch unkorrekt: Klassenzimmer = blackboard jungle; Schüler = wilde, gefährliche Tiere, die Angst riechen.) Glauben Sie mir: Ein unsicherer oder gar ängstlicher Lehrer wird zum Spielball einer chaotischen Horde.

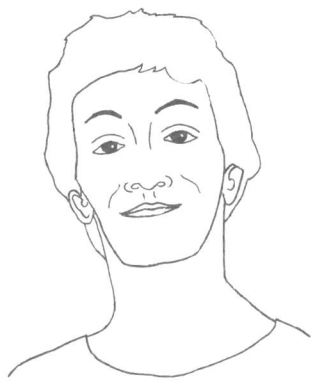

Sie haben also Selbstbewusstsein. Das müssen Sie aber auch zeigen. Den folgenden Begriff werde ich mehrmals wiederholen, weil er so wichtig ist: Lächeln. Ich wiederhole: <u>Lächeln</u>!

Dieses Lächeln sollten Sie immer griffbereit zur sofortigen Verwendung haben. Sie wissen doch: Lächeln ist die netteste Art, jemandem die Zähne zu zeigen.

Schon gut: Die Aussage „griffbereit zur sofortigen Verwendung" klingt eher nach Kochbuch. Das ist kein Zufall. Schließlich geht es hier um ein Rezept für demonstriertes Selbstbewusstsein. Und im Stil eines Kochbuches könnte ich hier fortfahren: „Man nehme, so man hat. Hat man nicht, so erwerbe man …"

Damit ist eine Vielzahl von Zutaten, pardon, von Signalen gemeint, mit denen Sie arbeiten können. Betrachten Sie Herrn Hofer, der gerade zum ersten Mal vor einer neuen Klasse steht.

Von oben nach unten:
- leichtes Lächeln *(Ich bin ein netter Mensch.)*
- Kinn leicht angehoben *(Trotzdem bin ich der Chef.)*
- langer Hals *(Giraffen haben den Überblick.)*
- Hände locker vor dem Bauch verschränkt *(Nichts Negatives kann an mich heran.)*
- leichte Schrittstellung mit Standbein und Spielbein *(Ich brauche die Wörter „Kampf" und „Flucht" gar nicht zu kennen.)*

Die letzten zweieinhalb Zeilen lesen Sie jetzt bitte noch mal ganz bewusst. Sie sind (fast) das wichtigste Signal. Das ist Selbstbewusstsein pur, durch die verschränkten Hände schafft er sich allerdings gleichzeitig einen mentalen Schutzschirm. Dieser wird von den Schülern nicht bemerkt und wirkt – wie jedes Körpersignal – auf das Unterbewusstsein, in diesem Fall als Verstärkung der Lehrerpersönlichkeit. So ganz nebenbei bewirken diese Hände, dass die Ellbogen leicht vom Körper abstehen, der Lehrer also mehr Raum einnimmt und damit wichtiger wird.

Sie meinen, da wird ein bisschen viel in die Körpersprache hineininterpretiert? Dann sehen Sie sich doch einmal die nächste Zeichnung an.
Ich habe sie nach einer Autogrammkarte aus dem Jahr 1904 gezeichnet, möchte die Haltung aber als zeitlos bezeichnen. Bei einem Schauspieler wurde damals und wird auch heute nichts dem Zufall überlassen, wenn es um ein Portrait geht.

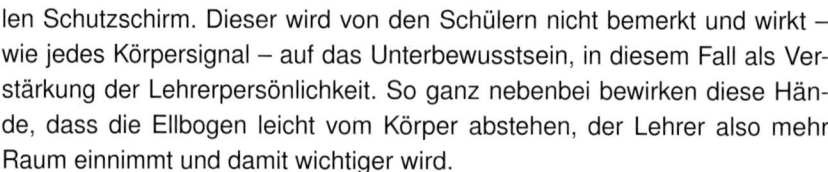

Von oben nach unten:
- ganz leichtes Lächeln *(kaum sichtbar)*
- gerades Kinn
- Giraffenhals *(vom Kragen verdeckt)*

Bei Armen und Händen sehen wir allerdings einen deutlichen Unterschied. Der rechte Ellbogen liegt auf einem Sideboard auf. Damit wirkt die Haltung locker, der Körper aber trotzdem breiter (Imponiergehabe). Stand- und Spielbein sind nicht zu sehen, ihr Einsatz geht aber aus der gesamten Körperhaltung hervor. Die linke Hand steckt entspannt in der Hosentasche. Wussten Sie, dass ein entspanntes Hand-in-die-Tasche-stecken-und-zwar-elegant als tägliche Erziehung zum Programm von Eton gehört? Genau, Eton, diese englische Eliteschule, an der in der Oberstufe der Cut als Schuluniform getragen wird. Unabhängig vom sonstigen Benehmen der Schüler erzeugt dies eine Atmosphäre wie auf dem diplomatischen Parkett. Übertrieben? Vielleicht, aber auf jeden Fall überzeugend.

Eine Kombination der beiden oberen Bilder können wir immer wieder während der Unterrichtsstunde aufbauen. Dabei ist es gar nicht wichtig, ob die Ellbogen ausgefahren sind. Diese sind als fein dosierbare Drohgeste anzusehen. Dazu später mehr.

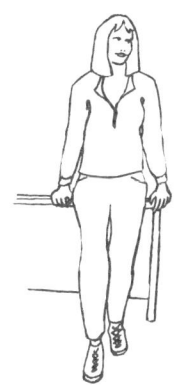

Schauen Sie doch mal das nächste Bild an. Das wirkt ausgesprochen entspannt, oder? Trotzdem sind die wichtigsten Elemente einer Dominanzhaltung vorhanden: Lächeln, gerades Kinn, langer Hals, das Spielbein ist locker angewinkelt. Diese Frau fühlt sich sicher und zeigt das auch. Für ihre Schüler ist sie dabei ausgesprochen locker und wird als absolut ansprechbar empfunden. Lässig eben.

Nebenwirkung für die Lehrkraft: Mentale Stärkung durch das Sich-Anlehnen am Pult sowie die aufgestützten Hände. Das ist bequem (doch, Sie dürfen sich zwischendurch ein bisschen ausruhen), schafft eine entspannte Atmosphäre und lässt keinerlei Zweifel daran, wer hier das Sagen hat.

Im Grunde kommt es genau darauf an: Wir müssen selbstsicher und locker wirken, immer ansprechbar, aber auf jeden Fall überlegen. Die Schüler kommen dann gar nicht erst auf die Idee, sich mit uns anzulegen.

Tun sie das doch? Wenn Sie ein schlagfertiger Mensch sind, so können Sie aus dieser Haltung heraus mit ein paar witzigen Worten jede Situation entschärfen. Auch Schlagfertigkeit kann man trainieren. Wenn Sie sich hier überfordert fühlen: Achten Sie auf Wortspiele, wie sie von (guten) Comedians verwendet werden. Und üben Sie damit, wenn die Luft noch nicht knistert.

Eine rasche verbale Reaktion, als Witz getarnt, wirkt Wunder. Dabei müssen wir uns jedoch jederzeit bewusst sein, dass wir den Schüler nicht abwerten oder verletzen dürfen.

Und wenn es doch passiert? Manchmal ist die Zunge schneller als das Hirn, das geht zumindest mir so. In dem Fall entschuldige ich mich in aller Form vor der ganzen Klasse und erkläre ausdrücklich, dass mein Ausrutscher nicht als Beleidigung des Schülers gedacht war.

Nach solchen Moment hatte ich stets das Gefühl, ich hätte in den Augen meiner Schüler dazugewonnen.

Eher als Imponiergehabe wird die folgende Haltung der Lehrerin von den Schülern erkannt.

Hier kommt es auf die Details an. Zum einen steht man bei dieser Haltung mit beiden Beinen fest auf dem Boden. Wirkung: Sprungbereit.

Ob ein Schüler diese Haltung als Bedrohung (= aggressiv) empfindet oder als demonstrative Stärke, hängt von den Begleitsignalen ab. Lächeln Sie oder zeigen Sie einen verkniffenen Mund? Halten Sie den Kopf ganz gerade oder leicht geneigt? Imitieren Sie in der Kopfhaltung womöglich einen wütenden Stier? Und ganz wichtig: Wo sind Ihre Hände und Ellbogen genau?

Es macht einen riesigen Unterschied, ob Ihre Ellbogen leicht nach hinten, ganz gerade zur Seite oder sogar leicht nach vorne zeigen. Versuchen Sie das bitte vor einem möglichst

großen Spiegel. Schauen Sie sich dabei genau an. Dann setzen Sie die Hände über dem Hüftknochen ganz leicht nach hinten, etwa zwei bis drei Fingerbreit. Wenn Sie jetzt bequem stehen, zeigen Ihre Ellbogen leicht nach hinten. Damit bleiben Sie immer noch in einer deutlichen Dominanzhaltung, nehmen aber jegliche Drohung oder Aggressivität heraus.

Wie gesagt, üben Sie die Haltung vor einem Spiegel. Wenn Sie einen Kollegen oder eine Kollegin haben, der/die bereit ist, Ihre Haltung zu spiegeln, dann ist das besonders wertvoll. Es wirkt noch intensiver als mit dem vertrauten Spiegelbild zu Hause.

Zwei weitere Formen, Selbstbewusstsein durch eine Dominanzhaltung auszustrahlen, möchte ich Ihnen zusätzlich zeigen.

Da ist zum einen die Haltung am Pult:
Diese Haltung können Sie unauffällig immer wieder einnehmen, wenn Sie am Lehrertisch stehen.
Das Aufstützen mit dem rechten Arm nimmt der Haltung jede Schärfe. Es wirkt locker, weil Sie so ein Spielbein einsetzen können. Die in der linken Hüfte aufgestützte Hand fährt den Ellbogen aus: Dominanzhaltung, aber nicht demonstrativ oder aggressiv.

Eine ähnliche Haltung, etwa an der Dokumentenkamera, sieht so aus wie hier rechts. Für mich war dabei besonders interessant zu beobachten, dass diese erfahrene Lehrkraft diese Haltung immer dann eingenommen hat, wenn sie sich selbst von dem überzeugen wollte, was gerade durch Projektion sichtbar war. Interessant deshalb, weil nach Aussage der Lehrerin eigentlich gar keine Absicht (= Überlegung) dahintersteckte, sondern sie das rein instinktiv gemacht hat. Gleichwohl: Hervorragender Instinkt, Frau Kollegin, bravo.

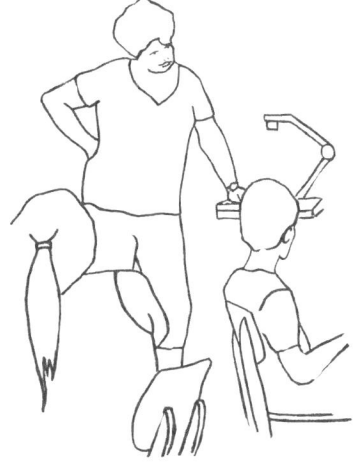

Zum einen muss sie dadurch beim Blick auf die Vorlage der Klasse zu keinem Zeitpunkt den Rücken zuwenden, ein ganz kurzer Kontrollblick am Anfang genügt. Dann weiß sie, dass das projizierte Bild gut sichtbar ist und den richtigen Ausschnitt zeigt.

Zum anderen dominiert sie in dieser Haltung die Klasse, auch wenn sie für kurze Augenblicke den Blick zur Seite richtet. Damit kann sie sich ohne größeren Bewegungsaufwand von der Vorlage wieder zu den Schülern wenden. Nach wie vor behält sie ihre Dominanzstellung, ebenso bleibt das Gewicht ungleichmäßig verteilt, also eine gewisse Lässigkeit als äußerer Eindruck erhalten.

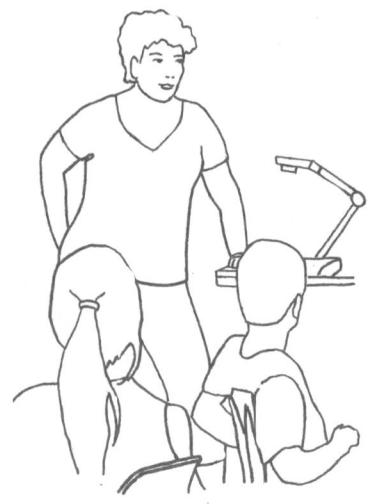

Der dritte Effekt ist, dass die Schüler ihren Aufmerksamkeitsfokus lediglich zwischen projiziertem Bild und dem Gesicht der Lehrerin hin- und herbewegen müssen. Damit ist ein Ablenkungsfaktor herausgenommen, der manchmal in der Hitze des Gefechts vorkommt: Die Schüler müssen großräumige Richtungswechsel vornehmen, um dem Geschehen folgen zu können. Mit das Schlechteste, was man dabei tun kann, ist ein Wechsel zwischen Tafel und Rückwand des Klassenzimmers. Hier ist Unruhe vorprogrammiert. Aber zurück zur Kollegin an der Dokumentenkamera.

Weil's so praktisch ist, fährt sie mit dem Unterricht gleich an dieser Stelle fort. Die Aufmerksamkeit der Schüler bleibt in etwa auf die gleiche Stelle des Raumes gerichtet und die Lehrerin zeigt weiterhin selbstbewusste Lässigkeit. So leitet sie ganz leicht aus einer Erklärphase in ein Arbeitsmodul über. Die Schüler erleben in erster Linie ausgeprägte Ruhe.

Apropos Ruhe. Zu Beginn des Buches schrieb ich über die Macht (doch, das Wort verwende ich absichtlich), die ein ruhiger Wanderlehrer ausübt. Ruhe, die eine Lehrkraft ausstrahlt, verkörpert in allen Phasen Selbstsicherheit. Man spricht nicht umsonst von „jemanden aus der Ruhe bringen".

Versuchen Sie, diese nie zu verlieren. Wenn Sie kurz vorm Explodieren sind, weil ein Musterexemplar von Störenfried beidhändig an Ihren Nerven zerrt: Ruhe bewahren.

Das ist leichter gesagt als getan, ich weiß. „Der hat leicht reden, aus der Ruhe und Sicherheit seines Computers heraus. Wenn ich nur vor mich hin tippe, kann ich auch leicht ruhig bleiben." Glauben Sie mir – ich tippe ganz ruhig vor mich hin, aber in meinem Kopf ringen gerade ganz vertrackte Situationen aus meinem Schulleben um den ersten Platz im Gedächtnis (Rücksturz ins Klassenzimmer).

Mittags, 13 Uhr 50. Ein Schüler spielt mit einer Getränkeflasche, der andere wirft einen Papierball auf sein Gegenüber, einer spielt Schlafen – na super. Es kann helfen, wenn ich jetzt laut zu brüllen beginne. Das tut es allerdings nur ein bis zwei Mal, dann hat es außer einer beginnenden Heiserkeit keinen Effekt mehr.

Mein selbstsicheres Auftreten wird immer unglaubwürdiger. Ein betont leises und betont langsames Sprechen mit den einzelnen Schülern, wobei ich ihnen unverwandt in die Augen blicke – das zeitigt eher Effekt.

Binnen weniger Sekunden wendet dabei fast jeder Schüler den Blick ab. Damit habe ich ihn aber erreicht. Und das mit dem leisen Sprechen hat daneben noch zwei Effekte: Zum einen wird der Schüler für sein Fehlverhalten nicht vor der ganzen Klasse zur Schau gestellt. Das könnte nämlich in einem ganz ekligen Machtspielchen enden.

Zum anderen bleibt der Geräuschpegel in der Klasse auf dem alten Niveau. Kennen Sie den Satz: Eine Klasse ist immer so laut wie ihr Lehrer?

Als ehemaliger Englisch- und Deutschlehrer an einer Knabenschule muss ich zerknirscht zugeben, dass ich diesen Satz damals nicht kannte. In meinen Klassen war es stets fröhlich laut. Zum Schneiden wurde die Luft nur, wenn ich betont leise und langsam sprach. Die Schüler wussten: Alarmstufe Rot, jetzt kocht er!

Diesen fröhlich-lauten Tonfall habe ich auch bei Unterrichtseinsätzen an einer Grundschule angewandt. Wegen eines Krankheitsfalles hatte ich dort etliche Stunden übernommen.

Die Klasse war mir als für meine Erfahrungen ungewöhnlich leise bekannt. Das änderte sich schlagartig, als ich mit meiner forschen Stimmlage sprach. Plötzlich riefen die Kinder durcheinander, die so bewunderte Ruhe war beim Teufel.

Die Tür stand offen. Zu meinem Glück kam gerade die Lehrerin vorbei, die diese Klasse normalerweise führte. Sie bat mich unter einem Vorwand auf den Gang und fragte mit forschendem Blick, warum ich denn so lautstark unterrichten würde. Zunächst wusste ich gar nicht, was sie meinte. Ich wurde aufgeklärt.

Die Lehrerin sprach grundsätzlich sehr leise zur Klasse. Damit zwang sie die Kinder, ruhig zu sein, damit sie alles verstehen. Ich versuchte es daraufhin mit dieser Methode und plötzlich war ich der akzeptierte Lehrer, bei dem man leise ist, damit man alles mitbekommt.

Für diese Kinder wurde das Selbstbewusstsein des Lehrers dadurch demonstriert, dass er sie zwingen konnte, leise zu sein, indem er selbst seine Stimme zügelte.

Daraufhin beobachtete ich andere Lehrkräfte unter diesem Gesichtspunkt. Überraschung: Das gilt ganz allgemein und funktioniert in jeder Jahrgangsstufe.

Als Lehrer Aufmerksamkeit bekommen

Nun stehen Sie vor der Klasse und wirken sehr selbstbewusst. Schön, das stärkt Sie. Gleichzeitig ist es Ihr Wunsch, dass die Klasse Ihrem Unterricht aufmerksam folgt. Tut sie das? Oder haben Sie das Gefühl, dass Paul und Jessica schon wieder nicht aufpassen? Über Kevin wollen wir hier nicht reden, das ist ein eigener Fall.

Wo liegt das Problem? Sie haben durch Ihr Auftreten doch sowieso schon weitgehend gewonnen. Die Schüler interessieren sich nämlich erst in zweiter Linie für den vermittelten Stoff. Den bringen Sie ja durch beste methodisch-didaktische Ansätze rüber.

In erster Linie orientieren sich die Kinder und Jugendlichen aber am Lehrer. Wenn er sie fesselt, so kann er sogar Rechtschreibung und Binomische Formeln zwar kaum faszinierend (oder doch?), aber zumindest erträglich machen.

Dieser selbstbewusste Lehrer erfüllt aufgrund seiner Ausstrahlung eine wichtige Bedingung für Autoritätspersonen. Weitere Bedingungen sind die Lenkung und Zentrierung der gegebenen Aufmerksamkeit. Damit befassen wir uns jetzt. Auch fürsorgliche Aufmerksamkeit des Lehrers gegenüber Einzelschülern gehört dazu. Das macht am meisten Spaß (direkter Zugang zum Schüler mit sofortigem Respons = Belohnung für aufgebrachte Mühe). Darauf werde ich später noch eingehen.

Also, Sie stehen am Stundenanfang (oder vor einem neuen Stundenabschnitt) dominant vor der Klasse.

Ihre Erwartungshaltung haben Sie vielleicht durch ein akustisches Signal unterstrichen. „Ich will jetzt eure Aufmerksamkeit!" Ein kurzes Lauschen auf den Klang des Gongs, bevor man die Dominanzhaltung einnimmt, hat sich bei vielen Lehrkräften bewährt. (Theaterspielen!)

Aller Augen und Ohren sind auf Sie gerichtet. Verspielen Sie diesen Moment nicht. Versuchen Sie, Ihre nächsten Schritte durch Gesten zu unterstreichen, damit die Schüler gezwungen sind, Sie weiterhin zu beobachten.

Wenn Sie einen Beitrag von den Schülern erwarten: Lassen Sie sich in dieser Phase Zeit! Warten Sie ganz offensichtlich! Wie ich schon erwähnt habe: Die meisten Lehrer können nicht warten. Ich will jetzt öffentlich bekennen: Wie das wirklich geht, habe ich erst durch die Beobachtung von einigen Grundschullehrern gelernt. Leider nach meiner aktiven Dienstzeit. Allerdings habe ich es – nach einigem Zögern – dann sehr wirkungsvoll an der Mittelschule eingesetzt. Ergebnis: Traumhaft.

Diese oder eine ähnliche Geste können Sie kaum übertreiben. Sie müssen höchstens die Übereifrigen bremsen, die unbedingt und sofort mit ihrer geballten Weisheit herausplatzen wollen. Aber Vorsicht: Erklären Sie das Warten unbedingt mit Fürsorge für einen schwächeren Schüler. Sonst kann es Ihnen passieren, dass die Stars – diese Erfahrung habe ich am Gymnasium mit Mädchen in der 7. Klasse gemacht – extrem zickig werden. Ein Vorziehen von Schwächeren verstehen sie nicht, Fürsorge schon.

Und bitte: Rufen Sie nicht den ersten Schüler auf, der sich meldet. Gerade diese Fragehaltung erlaubt, nein, fordert ein Abwarten, bis sich mehrere Schüler gemeldet haben.

Und jetzt kommt der Moment, auf den Sie gehofft haben: Ein schwacher Schüler meldet sich. Sie wissen, dass er sich meist Mühe gibt, aber oft am Rande seines Leistungsvermögens ist. Sie rufen ihn auf – und sein Beitrag ist richtig. Hurra! Zeigen Sie dieses Hurra aber auch!

Versuchen Sie das hier bei geeigneter Gelegenheit. Das Zeigen mit beiden Händen, wenn jemand gelobt wird, hat eine umwerfende Wirkung. Eine Kollegin sagte wörtlich: „Die ganze Klasse war regelrecht gebannt." Die erhoffte Antwort stimmte leider nicht? Schade. Bitte rufen Sie nicht sofort einen anderen Schüler auf.

Brummen Sie lieber ein „Hmm" und verfallen wieder in Wartehaltung. Oder noch besser, setzen Sie das „Verwirrungsgesicht" dazu auf und geben Sie ihm eine zweite Chance. Wenn Sie ihm vor dem Abwarten oder nach etwa fünf Sekunden noch eine Hilfestellung geben, können Sie viel erreichen. Zählen Sie die fünf Sekunden im Kopf ab (langsam!), bevor Sie handeln! Lehrer – und damit meine ich fast alle – rufen bei falschen Antworten viel zu früh andere Schüler auf. In den meisten Fällen sind es nach der wegweisenden Studie von Mary Budd ROWE (1974) durchschnittlich etwa drei Sekunden. Das ist eindeutig zu wenig. Was halten Sie davon: Eine Wartezeit von bis zu 30 Sekunden wäre bei vielen Schülern angemessen.

Dabei weiß der Schüler die Antwort oft viel früher – inhaltlich. Sein Problem ist die Formulierung. Das gilt besonders, wenn der Lehrer auf einer besonderen Form, z. B. Antworten in einem ganzen Satz, besteht. Außerdem gilt die Regel: Erwartet der Schüler eine Frage, so wird er rascher antworten als wenn diese aus heiterem Himmel kommt. Das ist eigentlich logisch: Wenn er die Frage erwartet, wird er wohl im Kopf bereits an der Formulierung der Antwort arbeiten. Also: Geben Sie Ihren Schülern Zeit zum Antworten. Wenn Sie dagegen selbst etwas erklären, unterstreichen Sie es so oft wie möglich durch Gesten. Sie binden damit die Aufmerksamkeit der Schüler an Ihre Person.

Das beginnt beim Vorlesen. Nach meiner Beobachtung sind heutige Schüler oft unfähig, Hörspiele anzuhören. Da jeder optische Reiz wegfällt, wird die Klasse schnell und zunehmend unruhig. Damit können die Kinder bzw. Jugendlichen den Text nur noch teilweise hören und verstehen. Folgerichtig steigt die allgemeine Unruhe.

Ich war allerdings ziemlich von den Socken, als ich beobachtete, dass dieses Problem auch bei Filmvorführungen entstehen kann. Wenn die Aktion nicht rasant genug ist, können die Schüler die Handlung nicht mehr aufnehmen. Es ist heute praktisch unmöglich, den Film „Die Feuerzangenbowle" mit Heinz Rühmann vorzuführen. Weil er schwarz-weiß ist? Weil der gesellschaftliche Hintergrund für die Jugendlichen aus einer anderen Dimension stammt? Die Augsburger Puppenkiste kann das gleiche Problem haben. Und das sogar, wenn die Schüler vorher bereits selbst in diesem Marionettentheater waren. Live hat es sie gefesselt, als Konserve war die konzentrierte Aufmerksamkeit nach ca. zehn Minuten nicht mehr vorhanden.

Wenn Sie vorlesen, haben Sie ein ähnliches Problem. Sie mögen stimmlich noch so virtuos arbeiten, der optische Reiz fehlt. Den können Sie durch Gestik liefern und behalten damit die allgemeine Aufmerksamkeit.

Die wollen Sie natürlich auch bei freien Erklärungen bekommen. Hier haben Sie es oft mit Aufzählungen zu tun. Demonstrieren Sie durch Hackbewegungen mit dem Unterarm, dass Einschnitte vorliegen. Oder zählen Sie an den Fingern mit. Damit können Sie gleichzeitig jedem Punkt eine Nummer zuordnen.

Es ist im Grunde egal, ob Sie die Teile einer Laubsäge oder Satzglieder im Englischen besprechen: Setzen Sie dabei auch imaginäre Teile in der Luft aneinander. Sprechen Sie z. B. bei den Satzgliedern von einem Zug. Subjekt = Lokomotive, Prädikat = Tender, Waggon = Objekt. Ort und Zeit gehen analog. Dann stellen Sie den Zug in der Luft auf ein Gleis. Die Schüler füllen die von Ihren Händen gebildeten Blöcke im Kopf mit Inhalten und die Aufmerksamkeit bleibt auf Sie – den vortragenden Lehrer – fokussiert.

Manchmal müssen Sie diesen Fokus als notwendige Pflicht geradezu einsetzen. Im Englischen stellt die Aussprache von „th" und die Differenzierung stimmhafter/stimmloser Laute vor allem am Anfang ein Problem dar. (Dies gilt besonders in Bayern. Der Dialekt kennt nämlich keine stimmhaften Konsonanten. Das überträgt sich dann auch auf die Umgangssprache.) Liebe-

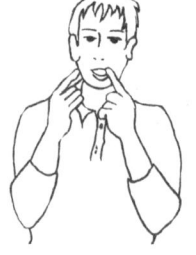

© AOL-Verlag

voll verwendet der Lehrer also viel Zeit zum Üben. Es geht deutlich schneller, wenn er nicht nur spricht, sondern auch zeigt.

Schließlich lernen ja auch Gehörlose durch das Ansehen von Mundbewegung und Lautbildung das Sprechen. Bei den Schülern, die hören können, ergänzt der optische Reiz die akustische Information. Damit wird diese leichter aufgenommen. Sie werden sehen, dass die Schüler beim Vorführen die Lippenbewegungen bereits lautlos mitmachen.

Lassen Sie mich zum Schluss noch ein in meinen Augen merkwürdiges Phänomen erwähnen. Egal, worum es inhaltlich geht, und gleichgültig, ob die Lehrkraft eine altmodische Tafel oder ein Whiteboard (oder sonst irgendein technisches Highlight des modernen Schulwesens) zur Verfügung hat – sie zeigt immer wieder auf ein Detail, auf eine bestimmte Zeichnung, eine bestimmte Stelle.

Hier kann uns technischer Schnickschnack den Kontakt zum Schüler kosten. Am schlechtesten – weil keiner mehr aufpasst (außer der Streber in der zweiten Reihe, Mittelgang) – ist ein Laser-Pointer. So schön dieses Spielzeug ist – Sie haben ganz kurz geballte Aufmerksamkeit („UUuui, was der schon wieder hat. Ich hab' daheim auch so was.") – lassen Sie es bei Kindern und Jugendlichen lieber weg.

Die nächste Lösung ist der Zeigestab. Er bietet so ganz nebenbei die Möglichkeit, auch mal an die Tafel zu klopfen und akustisch Aufmerksamkeit zu fordern. Wenn Kinder in der Grundschule auf etwas an der Tafel zeigen sollen, so gibt es wegen der Körpergröße fast keine andere Möglichkeit, als einen Zeigestab zu nutzen. Der Lehrer ist aber größer. Durch einen Zeigestab kann er die Aufmerksamkeit auf einzelne Stellen lenken. Aber auch dieser Stock ist eigentlich nur zweite Wahl. Ein Zeigen mit der Hand oder dem Finger wirkt am besten, und zwar wegen ihrer körperlichen Nähe zum demonstrierten Objekt.

Zum Folgenden habe ich keine Erklärung und finde auch in der Literatur keine Begründung, aber hier geschieht etwas Seltsames.

Es hat sich in der Praxis herausgestellt, dass Schüler Information aus dem Bereich Natur-

wissenschaft/Mathematik leichter aufnehmen, wenn der Lehrer mit gestrecktem Arm und mit der ganzen Hand darauf zeigt. Mehrere Kollegen haben auf meine Bitte dazu Versuche gemacht. Sie haben genauso wenig eine Erklärung für das Funktionieren, aber sie haben den Effekt durchweg bestätigt.

Lassen Sie mich bereits Gesagtes zusammenfassen, wobei ich auch auf frühere Aussagen in diesem Buch zurückkommen werde:

Sie bekommen Aufmerksamkeit während des Unterrichts durch eindeutige Signale wie einen hallenden Gong. Sie können diese Aufmerksamkeit durch Gesten lenken, sollten aber dabei auf zu häufigen Wechsel des Standortes verzichten. Auch das Ziel der Aufmerksamkeit, also die Fokussierung der Schüler, sollte nicht zu oft und nur langsam wechseln. (Sie könnten sich ja mal spaßeshalber einen Lageplan des Klassenzimmers zeichnen und mit Pfeilen und Kreuzen Ihre eigene Position grob bestimmen. Gute Idee? Vielleicht, außer Sie müssen wegen der Disziplin davon abweichen.)

Stresssignale bei Lehrern

Stress – eine Berufskrankheit bei Lehrern?
Bitte lassen Sie mich hier vorab etwas klären. Sicher, unser Beruf ist stressig. Das möchte ich aber ganz neutral betrachtet wissen. Stress muss ja schließlich nicht schlecht sein.
Der Anblick eines hübschen Menschen (möglicher Partner) kann Stress pur sein. Wenn dazu noch Schmetterlinge im Bauch kommen – stressiger geht es kaum.
Aber das ist Eustress, also eine gute Sache. Den brauchen wir, weil wir sonst emotional erstarren. Dann sind wir aber bedauernswert und für unseren Beruf ungeeignet. Der emotionslose Lehrer – ein Schreckgespenst! Andererseits dürfen wir uns nicht zu sehr engagieren. Auch nicht, wenn um uns Chaos herrscht.

Stellen Sie sich vor, Sie sind bei der Arbeit wie der Herr auf dem Bild hier. Totales Engagement. Blutdruck ganz oben, Adrenalin am Anschlag, Testosteronausschüttung unbekannt. Tja, und in dieser Phase fällt Ihr Blick auf den Schüler im nächsten Bild:

Gut, dieses Aufeinandertreffen dürfte extrem selten erfolgen. „Selten" bedeutet aber, dass es möglich ist. Was bleibt Ihnen dann noch übrig?

Darf ich dazu einen politisch völlig unkorrekten Vorschlag machen? Was halten Sie von der rechts gezeigten Möglichkeit?

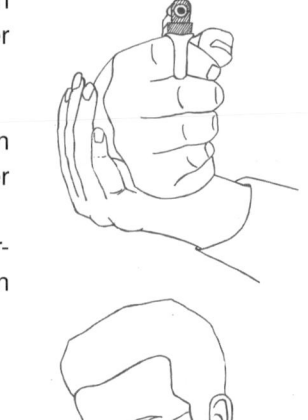

Genau, erschießen! Die Frage ist nur, gegen wen Sie die Waffe richten, gegen den Schüler oder gegen die eigene Schläfe.

Nun, das nehme ich in der Formulierung als übertrieben zurück, nicht aber im Inhalt. Wenn ein solch emotionales Engagement auf ein derartiges Desinteresse stößt, kommt jeder an seine Grenzen.

Es gilt also, Distanz zu wahren.

Das bedeutet nicht, dass Sie sich gar nicht engagieren sollen, im Gegenteil. Aber beobachten Sie Ihr Engagement von außen. Ich erwähnte bereits den Begriff „Theaterspielen".

Diese Selbstbeobachtung bedeutet Hilfe zur Selbsthilfe. Erkennen Sie Merkmale, die eine negative Stresserfahrung andeuten. Diese Merkmale sind zum Teil von außen sichtbar und werden auch von den Schülern als solche wahrgenommen.

Wenn das geschieht, wird der Stress größer. Es gibt fast immer wenigstens einen oder zwei Schüler, die deutlich sichtbar werdende Schwächen des Lehrers sofort und gnadenlos ausnutzen. Nein, das gilt nicht nur für höhere Klassen. Ich habe es in der Grundschule, 1. Klasse, selbst beobachtet. Damit aber steigt der Stressfaktor, die Belastung wird größer und die Signale werden noch deutlicher.

Das ist ein Teufelskreis, dem Sie nur sehr schwer entrinnen werden. Sie können ihn aber vermeiden, indem Sie selbst den Beginn erkennen und geeignete Gegenmaßnahmen treffen. Es muss nur früh genug sein.

Was sind also leicht feststellbare Stresssignale?

1. Kalte Hände

Haben Sie manchmal kalte Hände? Wie bitte, eigentlich immer? Sie Arme(r)! Damit fehlt Ihnen ein Messinstrument.

Sie haben selten kalte Hände? Gratuliere. Zur sicheren Erkennung von Stress haben Sie hier eine zuverlässige Anzeige, die mit dem Adrenalin zusammenhängt. Adrenalin ist ein Flucht- oder Kampfhormon, das wir in Urzeiten von der Natur geschenkt bekamen. Es versetzt Ihre Muskeln in eine hohe Vorspannung, schärft Ihr Sehvermögen und verengt die Blutbahnen in den Extremitäten. Sie können damit schneller reagieren und verlieren bei Verletzungen weniger Blut.

Nun, letzteres ist im Klassenzimmer wohl nicht nötig. Aber die verengten Kapillare verhindern die gleichmäßige Durchblutung Ihrer Finger und Sie bekommen kalte Hände. Die kalten Hände – die nicht jeder bekommt und die manche ständig haben – diese kalten Hände sind ein klares Signal für Nervosität. Schüler nehmen es nicht wahr. Es fällt ihnen aber auf, dass der Lehrer plötzlich ziemlich gereizt ist.

2. Geschärfte Sinne

Außerdem empfinden Sie die Klasse als unruhiger als sonst, weil Sie auch kleinste Unruheherde sofort sehen und hören. Ihre Sinne sind wesentlich schärfer als sonst. Ein leises Flüstern im Hintergrund, das Sie normalerweise unter üblicher „Arbeitsunruhe" abheften würden, erscheint Ihnen als gezielte Störung. Ein Kind, das etwas in seiner Mappe sucht und dabei mit Papier raschelt, stört Sie in keineswegs angemessener Weise. Das ist der Moment, in dem viele Kollegen trotz stickiger Luft die Fenster schließen, weil draußen zu viel Lärm ist.

3. Zitternde Hände

Es kann so weit gehen, dass Ihre Hände zu zittern beginnen, ganz ohne Alkoholismus. Sie merken das beim Schreiben an der Tafel. Ihre Schrift ist nicht mehr so flüssig, Sie müssen sich auf das Schriftbild konzentrieren. Und Sie vermeiden es, mit dem Finger auf irgendetwas zu zeigen, weil Sie das Gefühl haben, dass Sie dabei zittern.

Das erscheint Ihnen weit hergeholt? Dann möchte ich Ihnen von einer eigenen Beobachtung als Leistungs- und Mentaltrainer im Spitzensport, Abteilung Luftgewehr-Schießen, erzählen.

Bei wichtigen und als schwer empfundenen Wettkämpfen klagen fast alle Schützen über ein ungewöhnlich starkes Schwanken oder gar Zittern des Gewehrlaufs beim Zielen. Der beobachtende Trainer kann aber durch computerunterstützte Messung des Zielbildes nachweisen, dass sich alles im normalen Bereich bewegt. Das Empfinden der Schützen wird durch das genauere Sehen unter Adrenalin erzeugt. Dazu kommt manchmal die Klage über eiskalte Hände. Dies kann so weit gehen, dass sogar Handwärmer benutzt werden und trotzdem ein gefühlvolles Abziehen wegen kältestarrer Finger kaum möglich ist.

Das hat nichts mit Schule zu tun? Oh doch, denn in beiden Situationen besteht die Notwendigkeit zur Konzentration. Der Stress entsteht dabei teilweise durch die Erwartungshaltung des Lehrers – wenn sie enttäuscht wird. „Mein Gott, was habe ich jetzt falsch gemacht? Wie komme ich aus meiner eigenen Falle?" Es kann aber auch durch ein Schülerverhalten entstehen, das ein schön aufgebautes Bild des Lehrers blitzschnell einstürzen lässt.

4. Kratzen

Ein anderes Zeichen sehen die Schüler sehr wohl, erkennen es aber selten als Zeichen für Nervosität. Von daher ist es völlig harmlos und nur für Sie selbst wichtig.

Es juckt am Arm oder am Nacken, die Lehrkraft kratzt sich gedankenverloren und völlig unbewusst. Dies kann so weit gehen, dass man bei einer kleinen Verletzung den Schorf wegkratzt und die Wunde zu bluten beginnt. Spätestens zu diesem Zeitpunkt hat man die volle Aufmerksamkeit der Klasse, sie liegt allerdings nicht beim Unterrichtsinhalt.

5. An der Kleidung spielen

Ein weiteres Stresssignal ist häufiges Herum-
spielen an der Kleidung.
Die Hände sind dauernd in Bewegung und
ziehen an der Kleidung. Dieses Herumnesteln
wird bemerkt und zur Kenntnis genommen.
Insbesondere der Mädchenanteil in einer
Klasse ist hier besonders aufmerksam. (Nur
so am Rande: Mädchen/Frauen können Kör-

persignale deutlich leichter bemerken und deuten als männliche Wesen. Die
müssen das wesentlich bewusster machen. Das behauptet z. B. die Website
„karrierebibel". Wenn Sie also zum weiblichen Teil der Erdbevölkerung gehören, so haben Sie bei der Umsetzung vieler Ratschläge aus diesem Buch
einen geradezu unfairen Vorteil.)

6. Verschränkte Arme

Diese letzten beiden Signale können Sie selbst leicht bemerken,
wenn Sie sich ihrer bewusst sind.
Verschränkte Arme gelten als
Schutzgeste. Die Haltung wird
als bequem empfunden, weil die
Psyche weiß, was ihr guttut.
Das Bild rechts vergleichen Sie
jetzt bitte mit dem nächsten.

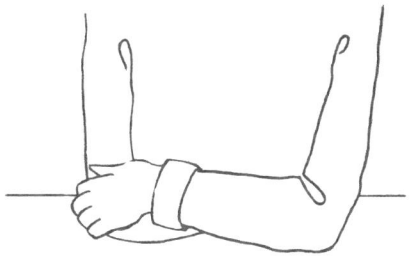

Sehen Sie den Unterschied? Im
zweiten Bild ist die Haltung nicht
locker, sondern ausgesprochen
verkrampft. Diese Anspannung
bemerken Schüler sehr wohl.
Also: Achten Sie darauf, wie Sie
Ihre Arme verschränken. Und

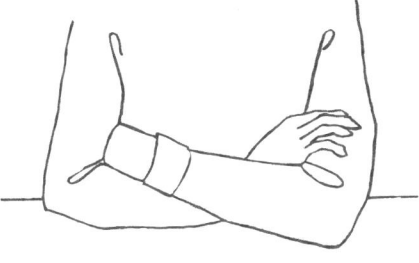

schauen Sie bei Gelegenheit auch darauf, wie die Armhaltung bei ihren
Schülern ist, wenn diese ihre Arme verschränken. Stellen Sie hier bei meh-

reren Kindern eine Verkrampfung fest, so liegt ein zu starker Druck auf den Schülern.

Das kann von der Schwierigkeit des Stoffes kommen, kann aber auch von Disziplinarmaßnahmen herrühren, die Sie gerade verhängt haben. In jedem Fall sollten Sie versuchen, Druck wegzunehmen. Damit wird nämlich auch Ihre eigene Belastung geringer.

7. Aufflammende Nervosität

Steigende Nervosität, weil ein technisches Gerät nicht so will wie der Lehrer; Unruhe beim Austeilen von Material (zuerst bei den Schülern, dann beim Lehrer oder umgekehrt?), entstehendes Chaos bei organisatorischen Aufgaben wie Geldeinsammeln – in solchen Situationen brauchen Sie keine besonderen Signale. Hier merken Sie mit Sicherheit, wie Sie nervös werden.

Sind Sie eine sehr junge Lehrkraft, die mit Zusatzaufgaben wie dem Einsammeln von Geld noch nicht oft betraut wurde? Haben Sie Erfahrung und ärgern sich immer noch darüber, dass Sie wegen diesem „Schmarrn" nicht zu einem vernünftigen Unterricht kommen?

Willkommen im Club. Ich kenne niemand auf unserer Seite des Lehrerpultes, der diese Zusatzjobs gerne erledigt. Leider können wir sie aber nicht vermeiden.

Und was die technischen Geräte anbetrifft, will ich ganz ehrlich sein: Am liebsten ist mir eine altmodische Tafel und ein Stück Kreide. Durch das Entstehen des Tafelbildes schauen die Schüler automatisch auf meine Handlungen. Das liegt auch daran, dass ich als Person an eben der Stelle stehe, wo gerade etwas geschieht.

Das nützt nur leider nichts. Die technische Entwicklung geht weiter und jeder, der im Klassenzimmer arbeitet, wird immer wieder mit neuen technischen Möglichkeiten konfrontiert werden. Vielleicht ist das ganz gut so.

Neben den eben angesprochenen akuten Stresssignalen, die auftreten, weil eine Situation sie hervorruft, gibt es auch Zeichen für Dauerstress.

Wenn Sie sehr rasch erschöpft sind oder sich morgens schon müde fühlen (ich setze mal eine gesunde Lebensweise voraus), so kann das an Stress liegen. Das gleiche gilt für häufige Magen- und Kopfschmerzen.

Natürlich müssen Sie so etwas vom Arzt abklären lassen, wenn es häufiger und länger auftritt. Sie können (müssen?) seine Maßnahmen aber dadurch ergänzen, dass Sie sich stark um innere Ruhe im Klassenzimmer bemühen, womit wir wieder beim Theaterspielen wären.

Auch eine trockene Kehle oder ein trockener Mund sind solche Zeichen. Nehmen Sie eine Flasche Mineralwasser und ein Glas mit ins Klassenzimmer. Es hilft, auch durch die Ablenkung vom Geschehen durch den Akt des Einschenkens und des Trinkens.

Schutzgesten für Lehrer

Lassen Sie mich vor der Vorstellung der einschlägigen Körperhaltungen eine einfache Feststellung treffen. Die wirksamste Schutzgeste ist die, die man gar nicht braucht. Darum erlauben Sie mir einen inhaltlichen Einschub. Der beste Schutz vor Stress liegt bei den im letzten Kapitel beschriebenen Situationen in der Vorbereitung. Müssen Sie eigentlich alles selber machen? Fest eingeteilte Schülerdienste können viele Dinge übernehmen und halten Ihnen damit den Rücken frei.

Dabei ist es gleichgültig, ob es sich um einen Overhead-Projektor, ein Whiteboard oder das Zurechtlegen farbiger Kreiden handelt: Sie finden mit Sicherheit Schüler, die den jeweiligen Gegenstand beherrschen.

Na gut, Einwand akzeptiert: Grundschule und Computertechnik kann eine Überforderung darstellen. Ich habe aber beobachtet, dass auch hier nach dem ersten Halbjahr Schüler alle Geräte bedienen konnten. Die Lehrkraft muss hier nur technisch so sattelfest sein, dass sie Abstürze des Geräts nicht nur auffangen kann. Sie muss den Schülern auch erklären können, was diesen Absturz verursacht hat und wie er sich künftig vermeiden lässt. Schüler sind bekanntlich ungemein einfallsreich. Sie können gar nicht jede Aktion vorhersehen, glauben Sie mir.

Sollten Sie tatsächlich der Meinung sein, dass Sie eine bestimmte Aufgabe nicht an Schüler abgeben können, so müssen Sie vorsorgen. Ich glaube zwar nicht, dass es das notwendigerweise gibt, akzeptiere aber die Ausnahmesituation „Vertretungsstunde".

Mit anderen Worten: Im Normalfall sollte die Vorbereitung jeder einzelnen Ihrer Unterrichtsstunden am Jahresanfang beginnen. Damit meine ich, dass Sie sich gründlich mit allen technischen Geräten vertraut machen, mit denen Sie es zu tun haben werden. Denken Sie dabei auch an Plan B: Was mache ich, wenn etwas nicht funktioniert, wenn ein Defekt auftritt? Außerdem sollten Sie unbedingt ein Dienstschema aufstellen, bei dem einzelne Schüler (besser jeweils zwei bis drei) bestimmte Aufgaben für einen festen Zeitraum bekommen.

Glauben Sie mir: Die ein oder zwei Stunden, die Sie dafür maximal aufwenden, tragen reichlich Zinsen in Form von flüssigem Unterrichtsverlauf, kaum unterbrochener Aufmerksamkeit der Schüler und entsprechender Schonung Ihrer Nerven. Und zwar bis zum Schuljahresende.

Ein weiterer Punkt, der vorbeugend Ihre Nerven schont, sind Rituale. In Grund- und Mittelschule habe ich als Signal für allgemeine Ruhe einen hallenden Gong oder eine Klangschale kennengelernt. Damit wird wortlos ein Signal gegeben, das alle Schüler hören.

Eine Kollegin hatte sogar drei verschieden Hallinstrument für drei Verhaltensregeln: totale Ruhe, Beenden von Gruppenarbeit, Vorbereiten von Arbeitsmaterial nach Ansage. Das hat hervorragend funktioniert.

Bitte beachten Sie aber: Es müssen hallende Geräte sein. Eine chinesische Fahrradklingel mag ja ein lustiger Gag sein, kommt aber nicht richtig durch. Auch eine Portiersglocke versagt, wenn sie von zarter Hand zögerlich bedient wird. (Ich habe zugeschaut: Die Kollegin war ganz schön frustriert, weil kaum jemand Notiz von diesem „Ping" genommen hat.) Hall dagegen schwingt nach und fräst sich langsam durch den Gehörgang zum Gehirn.

Ein weiteres Instrument, das ich an verschiedenen Schulen gesehen habe, sind Klassenzimmerregeln. In einer idealen Situation hängen solche deutlich sichtbar in <u>allen</u> Klassenzimmern aus. Sie werden im Normalfall von Schülern und Lehrern gemeinsam ausgearbeitet. (Ein Schelm, wer hier an grobe Manipulation durch den Lehrer denkt. Nein, ehrlich: Mit etwas Denkhilfe kommen die Schüler selbst auf alle Regeln.) Diese werden einzeln auf Tonpapier im Format DIN A4 gedruckt und auf ein sehr großes Stück Karton geklebt.

Ich befolge die Anweisungen meiner Lehrkraft.	**Ich lasse meine Mitschüler in Ruhe.**
Ich sitze aufrecht mit Blick nach vorne auf meinem Stuhl.	**Ich verhalte mich gegenüber Lehrern und Mitschülern respektvoll.**

Ich halte meinen Arbeitsplatz und das Klassenzimmer sauber.

Ich bringe nur sinnvolle Beiträge.

Ich arbeite leise und konzentriert mit.

Niemand wird beleidigt, ausgelacht oder ausgegrenzt.

Ich höre anderen zu und lasse sie aussprechen.

Ich melde mich und bin dabei leise.

Diese Beispiele stammt aus einem Klassenzimmer in einer Mittelschule. Von den Regeln kommen zwei von der Lehrkraft. Sie erwähnte sie am Schluss der Arbeitsphase und die Schüler akzeptierten sie ohne Diskussion. Alle anderen waren in den Köpfen der Schüler entstanden. Die Lehrkraft half hier nur bei der Formulierung.

Dann wurde die Vorgehensweise besprochen. Ein körpersprachlicher Hinweis (hochgezogene Augenbrauen, ermahnende Handbewegung o. a.) bleibt zunächst folgenlos. Muss eine Rüge verbalisiert werden, so wird der Schüler formelhaft gefragt: „Was machst du gerade?" bzw. „Was hast du gerade gemacht?" Er muss sich in diesem Moment auf sein Verhalten besinnen. Dann folgt die Frage: „Gegen welche Regel hast du verstoßen?" Diese Regel muss er vorlesen. Zusätzlich erhält er eine gelbe Karte (laminiert, DIN A6), die deutlich sichtbar auf seinen Platz gelegt wird.

Nächster Verstoß: Ausführliche Zusatzübung, im Extremfall, bei entsprechend schweren Verstößen, auch Entfernen aus der Klasse.

Muss er die Klasse verlassen, so begibt er sich in einen sogenannten Trainingsraum, wo er einer speziell geschulten Lehrkraft ein (auch formalisiertes) Kurzprotokoll über den Grund seines Hinauswurfes gibt. Dieser Lehrer fragt nun auf keinen Fall „Warum hast du das gemacht?"

Diese Frage können Sie sich übrigens auch selbst sparen, wenn Sie mit einem Schüler über sein Verhalten sprechen. In fast allen Fällen werden Sie eine Wischi-Waschi-Antwort ohne inhaltliche Aussagekraft erhalten.

Die Frage muss lauten „Was war in diesem Moment dein Interesse? Was wolltest du damit erreichen?" Mit dieser Fragestellung berühren Sie den Schüler in seiner Person. Und dann können Sie gemeinsam mit ihm einen Plan fassen, wie er solche Situationen künftig vermeiden kann. Versuchen Sie es, Sie werden erstaunt sein, auf welche Ideen Kinder und Jugendliche kommen. Es geht ja schließlich darum, so eine Art Ersatzhandlung zu finden. Das heißt, der Schüler sollte einen Weg finden, wie er seinem Interesse nachgehen kann, ohne den Unterricht zu stören. Darum sollte eigentlich er den Plan vorschlagen. Sie werden ihm aber wohl einige Hilfestellungen geben müssen.

Ich habe diesen Vorbeugebereich so ausführlich behandelt, weil er mir wichtig ist. Er hat eine starke Wirkung und kann bereits im stressfreien Raum angewendet werden. Jetzt kehre ich aber brav zum Thema der Kapitelüberschrift zurück: „Schutzgesten für Lehrer".

Einige der Rahmenbedingungen habe ich gerade angesprochen, die von vornherein helfen, Ihr Nervenkostüm zu schonen und Ihre Autorität zu untermauern.

Und was machen Sie, wenn die Luft trotzdem etwas bewegter wird und sich mögliche Konflikte anbahnen?

Atmen

Es gibt einige Körperhaltungen und Techniken, die helfen, dass Ihr Adrenalinspiegel im kontrollierten Bereich bleibt. Die wichtigste Übung, die alle anderen begleiten muss, ist eine Atemtechnik. Eigentlich ist die Geschichte ganz einfach. Atmen Sie einige Male bewusst und langsam mit dem Bauch. Bei der Bauchatmung wird das Zwerchfell beim Einatmen zusammengezogen und beim Ausatmen entspannt. Das senkt den Puls, beruhigt und lässt den Adrenalinspiegel zumindest ein wenig sinken.

Vor allem Männer fragen an dieser Stelle oft, was daran besonders sein soll. Es gibt dabei einige Punkte zu bedenken: Bauchatmung setzt bei fast allen Männern automatisch ein, wenn sie auf dem Rücken liegen. Damit schwindet die Anspannung des Tages und es gleitet sich leichter in den Schlaf.

Diese Entspannungsmöglichkeit ist bei Frauen nicht vorgesehen. Zum Schutz von ungeborenem Leben setzt die Bauchatmung bei ihnen nicht automatisch ein, sie müssen das gezielt üben. Wenn's zu schwerfällt: Legen Sie sich mit dem Rücken auf den Boden oder aufs Bett und platzieren Sie ein Buch auf Ihrem Bauch. Heben Sie es durch Einatmen hoch und lassen Sie es durch Ausatmen wieder sinken. Damit müsste es klappen, Sie können sich zuschauen und nach einiger Zeit auch im Stehen umschalten.

Also: Bei erkanntem Stress auf Bauchatmung umschalten.

Barriere

Zusätzlich schirmen Sie sich von der Klasse durch eine Barriere ab: Wenn Sie dabei ans Pult denken: Vergessen Sie es.

Sie haben zwar Ihre Barriere, zusätzlich unterstützt durch das Abstützen mit den Händen. Gleichzeitig signalisieren Sie aber eine gewisse Hilflosigkeit, weil Sie dem Blick der Klasse ausweichen. Ganz schlecht für die Autorität. „Hinter dem Pult" erzeugt immer eine ganz deutliche Abgrenzung. Die sollten Sie wirklich nur vornehmen, wenn Sie gerade Hefteinträge während des Unterrichts korrigieren wollen. Eine Grundschulkollegin stellte dafür ihr Pult rechtwinklig zur Klasse, sodass die Kinder direkten Zugang zu ihr hatten. Ich muss sagen: Das hat was.

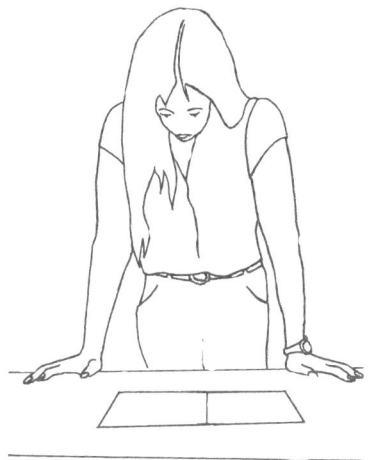

Eine andere Barriere können Sie mit den Armen bilden. Dabei gibt es verschiedene Abstufungen, die aber alle die gleiche beruhigende Wirkung haben. Ideal ist dabei für Sie, dass eine ganze Reihe von Bewegungen bzw. Haltungen organisch aus dem Lehren entstehen, also gar nicht auffallen können. Im Gegenteil: Die Schüler sind von Ihrer gestenreichen Sprache fasziniert und verfolgen Ihre Bewegungen. Damit haben Sie den „Optik-Effekt", den ich bereits im Kapitel „Als Lehrer Aufmerksamkeit bekommen" beschrieben habe, und Sie tun sich selbst etwas Gutes.

Die deutlichste Barriere bilden die verschränkten Arme. Erinnern Sie sich an das Kapitel „Stresssignale bei Lehrern?" Also Arme nicht verkrampfen, sondern locker verschränken.

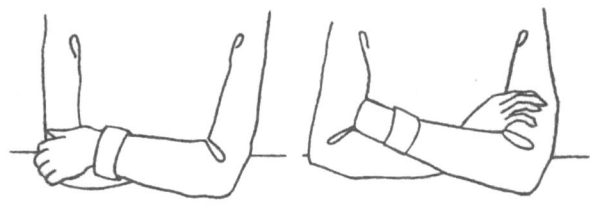

Eine erfahrene Lehrkraft sagte, als ich sie auf diese Schutzgeste ansprach: „Ich mache das doch nicht, weil ich Stress habe. Ich mache das, weil es bequem ist."

Da muss ich ihr recht geben: Frühzeitig und immer wieder angewendet, strahlt diese Haltung Ruhe und Sicherheit nach innen und außen aus. Kurz: Es fühlt sich bequem an und lässt Stress gar nicht erst aufkommen.

Dieses Arme-Verschränken kann sowohl hinter dem Pult als auch frei stehend erfolgen, obwohl es sich im Stehen eher anbietet, nur die Hände ineinanderzulegen.

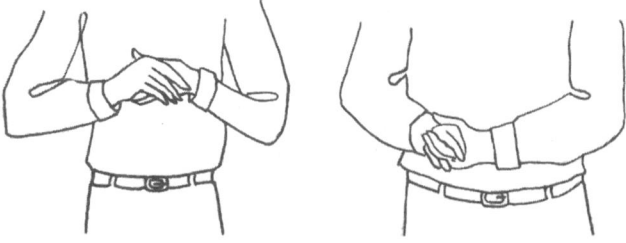

Dabei ist es egal, ob ich sie vor der Brust oder vor dem Bauch halte – im Unterbewusstsein sind damit Schutz, innere Ruhe und Sicherheit verbunden. Ich selbst habe diese Geste sehr oft angewendet. Sie hat nämlich den unschätzbaren Vorteil, dass man dabei (gefühlsmäßig ungehemmt) weiter sprechen kann. Bei verschränkten Armen sagt mein Unterbewusstsein: Alles ist zu, auch der Mund.

Sie sehen das anders? Darf ich Sie vor den Spiegel bitten, zur Rede an das Volk? Probieren Sie es aus und achten Sie dabei auf Wohlfühlen bzw. Unbehagen oder Hemmung.

Eine weitere, völlig unauffällige Schutzgeste ist die sogenannte Kellnerhaltung.

Diese wirkt absolut natürlich, der Bogen Papier bildet aber mit den Armen und Händen eine als beschützend empfundene Barriere.

Einen tollen Nebeneffekt haben Sie damit auch noch: Sie können fließend in eine Geste überleiten, die die Aufmerksamkeit der Schüler auf Ihre Aussagen bündelt.

Hierbei bleibt die Barriere erhalten. Sie haben weiter Ihren Schutz und gleichzeitig fokussieren Sie die Aufmerksamkeit der Schüler auf Ihren erhobenen Zeigefinger. Dass Sie an dieser Stelle aus der Bewegung heraus auch jemand aufrufen können, merken Sie und Ihre Schüler natürlich auch. Also passen diese auf.

Und weil die Gelegenheit so schön ist, können Sie dann diese Bewegung in ein Öffnen zu den Schülern weiterführen. Immer noch sind Sie durch Ihr Blatt geschützt. Gleichzeitig machen Sie aber in Ihrer Körperhaltung durch die geöffneten Arme auf und signalisieren damit: „Ich, die Lehrkraft, bin für euch da". Sie können jetzt Bestätigung oder Fragen bekommen, auf jeden Fall findet eine Kommunikation zwischen Ihnen und den Schülern statt, und zwar in beiden Richtungen.

Sie sehen: Schutzhaltungen bedeuten nicht automatisch ein Sich-Abschlie-ßen. Häufig werden sie automatisch eingenommen. Wenn Sie sich aber der Wirkung bewusst sind, können Sie sie gezielt einsetzen.

Noch eine Möglichkeit: Es ist Sommer, brütend heiß, Disziplin ist (noch) vor-handen, Sie kommen sich aber vor wie ein Slackline-Läufer.

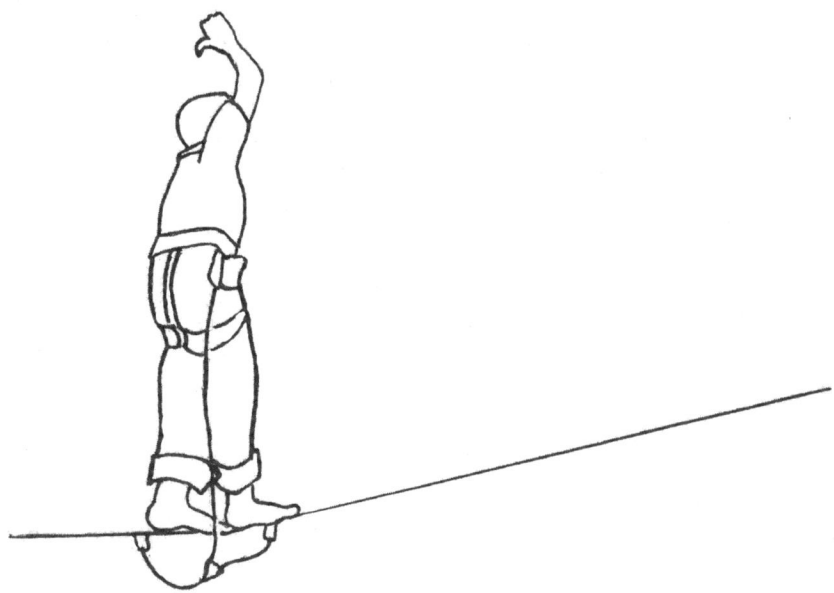

Die Kinder (also alle bis zu 18 Jahren) kämpfen genauso wie eigentlich auch Sie gegen steigende Unlust. Jetzt bitte: Vorbeugen! Nein, nicht den Oberkör-per. Beugen Sie einer weiteren Entwicklung der entstehenden Unruhe vor.

Fordern Sie Ihre Schüler auf, gemeinsam mit Ihnen ihren Schwerpunkt zu finden. Diese Übung kommt eigentlich aus der Psychotherapie. Sie hilft bei Unsicherheit, innere Ruhe und Selbstsicherheit zu erwerben.

Bei meinen Sportschützen machen wir das vor dem Wettkampf. Sie haben eine etwas schwierige Klasse, in die Sie eigentlich gar nicht so gerne ge-hen? Dann machen Sie die Übung doch vor dem Betreten des Klassenzim-mers. Bitte versuchen Sie es jetzt einmal gemeinsam mit mir.

Stellen Sie sich gerade hin, Füße etwa schulterbreit nebeneinander. Verankern Sie die Füße regelrecht, Sie müssen sich des festen Kontakts zu Mutter Erde bewusst sein. Lassen Sie Ihre Arme gerade herunterhängen und drehen Sie die Handflächen leicht nach vorn. Ihre Stirn sollte gerade nach vorne zeigen (als ob Sie einem starken Gegenwind die Stirn bieten), der Hals ist leicht gestreckt.

Jetzt konzentrieren Sie sich auf bewusste Bauchatmung und horchen in sich hinein. Sie spüren eine Art inneres Zusammensacken (= ein entspanntes „In-sich-Hineinfallen") und merken, wie Sie ruhiger werden. Sie spüren jetzt im Bauch-Becken-Bereich Ihren Schwerpunkt und sind damit in sich verankert. Ihren Schülern geht es genauso.

Damit sind die besten Voraussetzungen gegeben, dass der Rest des Vormittags friedlich und bei konzentrierter Arbeit weiterläuft.

Wenn Sie diese Übung erst kurz vor Ausbruch eines Flächenbrandes machen wollen, wird sie schwierig durchzuführen sein. Also: Üben Sie sie vorher ein. Die beste Gelegenheit dazu sind die Momente vor Leistungstests aller Art.

Ich kenne eine Menge Übungen, die von verschiedenen Lehrkräften vor Tests durchgeführt werden. Auch Ihnen sind vermutlich einige bekannt. Fast alle arbeiten mit Über-Kreuz-Bewegungen der Arme (rechte Hand – linkes Knie usw.). Mit einer Abschlussklasse der Realschule habe ich Folgendes gemacht: Füße schulterbreit, Hände zusammenhalten und dann fünfmal eine Art Acht abwechselnd vor der linken und rechten Hüfte schwingen. Nach Auskunft eines Psychologen der Universität Augsburg (sein Name ist mir leider entfallen, Entschuldigung) werden dabei alle vier Gehirnquadranten aktiviert und besonders konzentriertes und kreatives Denken wird ermöglicht.

Diesen Zweck haben alle diese Übungen. Den eigenen Schwerpunkt zu finden sollte am Schluss dieser Übungen stehen.

Im Rahmen dessen fällt mir ein Hinweis zu „vertrauensbildenden Maßnahmen" ein. Diese Übungen vor Tests werden von Grundschülern als selbstverständlich akzeptiert. An weiterführenden Schulen habe ich damit vor allem bei höheren Jahrgangsstufen in den beiden Jahren vor der Abschlussprüfung sehr gute Erfolge gehabt. Es war sogar eine Klasse dabei, die sich am frühen Nachmittag mit mir auf freiwilliger Basis getroffen hat, um ein ganzes Spektrum von Übungen zu erlernen. Das ging teilweise bis in die neurolinguistische Programmierung – auf beiden Seiten des Pultes herrschte Begeisterung. Die hat sich dann bei der Korrektur der Prüfungen und beim Verteilen der Abschlusszeugnisse fortgesetzt. Denn unsere Jugend will leisten – wenn sie darf.

„Linguistische Programmierung" habe ich häufig Schülern angeboten, die unter extremer Prüfungsangst leiden. Angst gibt es öfters, linguistische Programmierung ist im schulischen Bereich kaum bekannt. Dass es sich um eine solche handelt, habe ich erst nach Jahren von einem Psychologen der Universität Augsburg erfahren. Manager geben beachtliche Beträge für Kurse in dieser Technik aus. Doch was ist das eigentlich?

Bei der linguistischen Programmierung macht man sich ein Körpergedächtnis zunutze, das multisensorisch arbeitet. Entdeckt wurde es durch die Traumforschung, aber das würde hier zu weit führen.

Ich zeige Ihnen lieber ganz praktisch, wie es funktioniert. Schülern mit Prüfungsangst schlug ich vor, sich ein ganz bestimmtes Bonbon auszusuchen, dessen Geschmack nur für diesen Zweck bestimmt war.

Bei der Vorbereitung zur Prüfung sollten sie nun regelmäßig nach einem Lernabschnitt einige Aufgaben bearbeiten, die sie nach ihrer Überzeugung auf jeden Fall ohne Probleme lösen konnten. Dabei lutschten sie immer eins von den Bonbons, die sie sich zu diesem Zweck ausgesucht hatten.

Wenn nun der Moment der Prüfung gekommen war, steckten sich die Schüler ein solches Bonbon in den Mund. Die Geschmacksnerven sagten dem Hirn: „Guck mal!" Das Hirn merkte auf: „He, bei diesem Signal weiß ich doch immer alles!" Der Hirnbesitzer fühlt sich sicher und erinnert sich an das Gelernte. Ehrlich und erprobt: Das funktioniert.

Es funktioniert sogar so gut, dass Sie die Übungen zur Gehirnquadranterweckung durch einen Geschmacksimpuls ersetzen können.

Auf diese Idee hat mich eine Abschlussschülerin gebracht. Sie fand die Übungen ganz toll, meinte aber, dass sie diese an der Uni bei Prüfungen ganz bestimmt nicht vor allen anderen Studenten vorführen wolle.

Ich gab ihr den Rat, bei der Übung jedes Mal ein rasch schmelzendes Pfefferminzblättchen in den Mund zu nehmen. Bei Prüfungen würde das Blättchen allein genügen, um den Effekt hervorzurufen.

Ich habe mir das dann an der Uni Augsburg bestätigen lassen: Es muss funktionieren.

Einzelgespräch im Unterricht

Weil wir gerade bei vertrauensbildenden Maßnahmen sind: Neben vielen anderen Situationen ist das Einzelgespräch hier von großer Bedeutung. Damit ist keine Diskussion über Verhaltensverstöße gemeint, sondern direkte Lenkung und Hilfestellung für den einzelnen Schüler.

Sie haben die Klasse im Griff, jeder arbeitet in seinem Heft oder an seinem Arbeitsblatt, einzeln oder in Partnerarbeit. Sie gehen ruhig zwischen den einzelnen Sitzplätzen umher und werfen dabei einen Blick in die Arbeiten.

Dabei kommen Sie zu einem Schüler, der große Schwierigkeiten hat, die gestellte Aufgabe zu lösen. Dies kann verschiedene Ursachen haben.

Eine für mich lange völlig unverständliche, aber in der Realität häufig vorkommende, ist, dass der Schüler die Aufgabenstellung nicht verstanden hat. Er erfasst den Arbeitsauftrag nicht, sucht – weil er guten Willens ist – seinen eigenen Weg und scheitert damit. Woran liegt das?

Meistens war meine Arbeitsanweisung mehrteilig und der Schüler schaltete bereits nach dem ersten Teil auf Durchzug. Er wusste ja, worum es ging, deshalb musste er sich den Rest der ausschweifenden Lehrerrede gar nicht anhören.

Bei manchen Schülern führte das zu totalen Ausfällen. Im günstigsten Fall arbeiteten sie extrem fehlerhaft. Wenn sie z. B. ihr Nachbar darauf aufmerksam machte (in der Regel nicht gerade feinfühlig), stellten sie die Arbeit komplett ein. Es konnte passieren, dass sie dabei einen derartig massiven Riegel vor ihr Verhalten legten, dass auch ich als Lehrer keinen Zugang mehr bekam. Klare Arbeitsverweigerung war die Folge.

Wenn Sie bemerken, dass Sie ein derartiges Exemplar in der Klasse haben, so bleibt Ihnen eigentlich nur Folgendes:

Sie haken bereits bei der Aufgabenstellung nach jedem Teilauftrag nach, lassen ihn (abwechselnd mit anderen Schülern) die Arbeitsanweisung wiederholen und verbieten dabei kategorisch jegliches Arbeiten im Heft oder auf dem Arbeitsblatt. Sie selbst fassen am Schluss noch einmal mit Abhaken an den Fingern die einzelnen Punkte

zusammen. Oder Sie führen hackende Bewegungen aus, um allen klarzumachen, dass es sich um Einzelanweisungen handelt, von denen jede für sich wichtig ist. Das sollte eigentlich helfen.

Und bitte denken Sie an die Politikermethode: Möglichst einfach strukturieren, maximal drei Anweisungen im Zusammenhang geben.

Eine andere Ursache für Probleme bei der Aufgabenbearbeitung kann darin liegen, dass der Schüler die Aufgabe trotz Zuhörens einfach inhaltlich nicht verstanden hat. Er erledigt sie also formal richtig, kommt aber zu falschen Ergebnissen.

Das kann an der Art liegen, wie Sie die Aufgabe erklärt haben. Damit will ich Ihr fachliches Können keineswegs infrage stellen; die Unterrichtswirklichkeit überschreitet nur manchmal alle Grenzen der Buchweisheit.

Ich selbst habe einmal im Englischunterricht in einer 6. Klasse Realschule eine neue Grammatikregel durchgenommen. Dabei hielt ich mich konsequent an die Vorgaben des Lehrerhandbuchs und hatte sogar noch mehr gemacht. Auf meine unschuldig gestellte Frage, ob jetzt alles klar sei (typischer Anfängerfehler), erhielt ich durchgehend den Bescheid: Ist okay, es kann losgehen.

Als es dann wirklich losging, fand ich einen Schüler, der kompletten Unsinn ins Heft schrieb. Wohlgemerkt: Der Eintrag ins Grammatikheft war korrekt und sauber. In der Übung konnte ich zwischen diesem Eintrag und seinen Ergebnissen aber keinen Zusammenhang erkennen.

Ich beugte mich zu ihm herunter und sprach leise mit ihm (Privatsphäre aufbauen). Er wirkte recht hilflos. Ich bat ihn um Erlaubnis, sein Problem vor der ganzen Klasse besprechen zu dürfen, und erhielt sie.

An der Tafel meinte ich dann, dass verschiedene Menschen unterschiedliche Wege hätten, eine Information aufzunehmen und zu verarbeiten. Wenn also jemand nicht ganz sicher sei, was ich mit meiner Erklärung meine, so solle er doch fragen. Das Nicht-Verstehen könne nämlich durchaus an mir liegen, weil ich eine andere Art zu denken hätte als der betreffende Schüler. Außerdem hätte ich diese Aufgaben schon so oft gemacht und erklärt, dass ich keinen Blick mehr für die Probleme hätte.

Ich weiß, dass viele Schüler trotzdem nicht fragen, weil sie Angst haben, sich vor der Klasse zu blamieren. Es ist Ihre Aufgabe, ihnen diese Angst zu nehmen. Der gerade gezeigte Weg, nämlich sozusagen in Privataudienz um Erlaubnis zur allgemeinen Besprechung eines Problems zu bitten, ist eine Möglichkeit.

Ich versuchte also kreativ zu sein und erklärte die Regel mithilfe von kleinen Zeichnungen im Comicstil. (Üben Sie anhand eines Kinderbuchs das Strichmännchenzeichnen. Es lohnt sich.[2]) Allgemeines bestätigendes Nicken, auch von dem betreffenden Schüler.

Ich setzte dann noch den Satz hinzu, dass jeder, der noch ein Problem habe, sich ruhig melden solle. Ich würde dann nach einer weiteren Erklärungsmöglichkeit suchen. (In einer 6. Klasse geht das noch. Bei höheren Klassen kann ich mir sehr wohl vorstellen, dass die Schüler einen Sport daraus machen.) In diesem Fall war das nicht so, sondern genau der Schüler mit der vorherigen Verständnisschwierigkeit stellte bei der nächsten Aufgabe die Frage: „Warum geht das so?"

Ich versuchte einen weiteren Weg auf dem Umweg über Grammatikregeln im Deutschen und die unterschiedlichen sprachphilosophischen Ansätze. Keine Angst, diesen oder ähnliche fachspezifische Ausdrücke benutzte ich natürlich nicht. Ich versuchte es kindgemäß. (Anmerkung am Rande: Das kann für Kinder und Jugendliche durchaus fesselnd sein. Eine Mutter fragte mich einmal dazu, ob ich bei den Kindern ein natürliches Sprachverständnis wecken wolle. Ihre Frage war berechtigt. Ich wollte.)

Nun, allgemeines Kopfnicken war die Folge, auch von, ach was, nennen wir den Schüler Tim. Bei der nächsten Aufgabe kam reflexartig die Frage: „Warum geht das so?"

Ich war mit meinem Latein am Ende und erklärte das auch vor allen Schülern. Ich bat den Rest der Klasse um Hilfe und fragte, ob einer von Tims Mitschülern ihm die Regel erklären könne. Tatsächlich bekam ich sofort eine Meldung und setzte Tim neben diesen Schüler.

Wieder eine Aufgabe weiter kam der Finger und die Frage: „Warum geht das so?" Ich winkte nur ab und deutete auf Tims Nachbarn: „Hier sitzt dein persönlicher Lehrer bei dieser Aufgabe. Frag ihn!" Tim stellte also seinem Nebenmann die Frage. Der blickte ihm tief in die Augen und sagte im Brustton der Überzeugung: „Weil das so gehört, du Depp!"

Das ist eine Lösungsmöglichkeit, die uns Lehrern verwehrt bleibt. Besonders interessant daran war, dass Tim ab diesem Moment alle Aufgaben zur betreffenden Grammatikregel richtig löste.

---

[2] Gut geeignet ist zum Beispiel: „Punkt, Punkt, Komma, Strich" von Hans Witzig.

Ich erwähnte gerade, dass ich beim Durchgehen durch die Klasse im Gespräch mit Tim Privatsphäre geschaffen hätte. Dies ist für das Einzelgespräch unumgänglich.

Dabei gilt es, verschiedene Punkte zu beachten. Im Kapitel „Körperlicher Abstand und Bewegung im Raum" schrieb ich über den Wohlfühlabstand. Bei normaler Sprechlautstärke ist dies etwa Armlänge. Unterschreiten Sie diese Distanz, so dringen Sie ins Revier des Kindes oder des Jugendlichen ein. Dies wird als bedrohlich empfunden. Außerdem kann es sehr „von oben herab" wirken. Das aber hat mit Autorität, zumindest mit natürlicher Autorität, nichts zu tun. Bedrohung oder Bedrängung darf nicht stattfinden.

Nehme ich aber gleichzeitig meine Stimme in der Lautstärke deutlich zurück, so findet diese Bedrohung nicht statt. Die körperliche Nähe ist vielmehr erforderlich, weil sonst die akustische Verständigung zu stark erschwert wird. Bei einem Kurzreferat durch Grundschüler konnte ich als Beobachter sehen, wie sich eine solche Näherung durchführen lässt.

Herr Hofer[3] ließ einen Schüler zunächst allein sprechen und platzierte sich selbst leicht schräg hinter dem Jungen. Damit hatte er ganz nebenbei auch die Klasse im Blickfeld. Gerade die lieben Mitschüler sind ja ziemlich häufig ein Problem, weil sie den Vortragenden durch witzig gemeinte Grimassen aus dem Konzept bringen. Dies geschah hier nicht, vielleicht auch wegen des kontrollierenden Blicks des Lehrers.

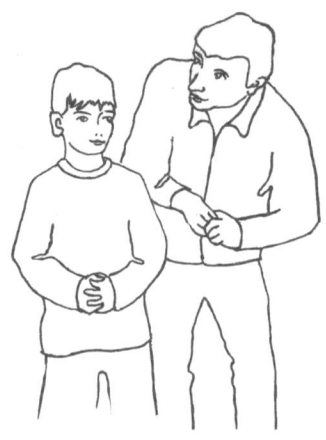

Der bemerkte allerdings dann, dass der Junge nicht mehr weiterwusste, also einen klassischen Hänger hatte. Er wollte ihm helfen und verringerte die Distanz zum Schüler. Durch das leichte Vorbeugen konnte er entsprechend leise sprechen und der Schüler verstand seine Einmischung als Hilfestellung. Ob die Armhaltung des Lehrers, die der des Schülers entspricht, geplant war, kann ich nicht sagen. Diese Parallelhaltung signalisiert aber: „Ich bin auf deiner Seite." Damit war die Hilfe noch akzeptabler geworden.

---

[3] Ja, es handelte sich tatsächlich um einen Grundschullehrer, eine zugegebenermaßen seltene Spezies. Seinen Namen habe ich geändert.

Allerdings geschah, was so häufig passiert: Dem ersten Hänger folgten weitere. Die nächste Handlung des Lehrers empfand ich als genial.

Er nahm den Jungen völlig aus seiner Stresssituation heraus, indem er sich neben ihm auf den Boden kniete. Damit waren ihre Augen auf gleicher Höhe, die Distanz passte zu einem leisen Gespräch. In ruhigem Ton repetierte Herr Hofer die letzten Aussagen des Jungen und half ihm, den roten Faden seines Referats wieder aufzunehmen.

Das ist schlichtweg beispielhaft. Es ist aber nur möglich, wenn der Lehrer in der ganzen Klasse seine Autorität deutlich bewiesen hat und diese nicht mehr hinterfragt wird. Ich weiß, dass ich mich wiederhole, aber es ist einfach so wichtig: Wenn Sie den Respekt Ihrer Schüler genießen, können Sie Vertrauen aufbauen.

Analog verhalten Sie sich, wenn Sie bei einem Schüler ins Heft schauen und auf seine Arbeitsweise einwirken wollen. Wo immer Sie zu spüren glauben, dass auf Seiten des Kindes Unsicherheit vorliegt – gehen Sie auf Augenhöhe. Dabei kann es genügen, wenn Sie sich herunterbeugen. Ein In-die-Hocke-gehen ist aber viel öfter angebracht, als man gemeinhin glaubt, auch bei älteren Schülern.

Stellen Sie sich einen Schüler der 7. oder 8. Jahrgangsstufe vor. Er arbeitet bemüht, aber zu fehlerhaft. Was passiert, wenn Sie neben ihm in die Hocke gehen und ihn mit einem leichten Lächeln fragend anschauen?

Vermutlich will er etwas irritiert wissen, was denn los sei. Dann können Sie ihn leise fragen, ob er denn das ernst meine, was er da mache, oder ob er sich die Aufgabenstellung bzw. die Vorgaben nochmal anschauen wolle.

Eine normale Reaktion ist daraufhin ein prüfender Blick auf die Vorgaben und die eigene Leistung.

Wenn das für den Schüler kein Ergebnis bringt, wird er Sie nach seinem Fehler fragen. Wenn Sie ihm jetzt eine Erklärung liefern, so geschieht das auf Aufforderung und damit erreichen Sie den Schüler dort, wo er in seinem Denkprozess gerade steht. Sozialpädagogen nennen das „den Schüler dort abholen, wo er sich gerade befindet". Und so macht Unterrichten Spaß. Meistens jedenfalls. Die Sache mit dem Einzelgespräch im Unterricht kann nämlich auch einen Haken haben, an dem auch erfahrene Lehrer immer wieder hängenbleiben. Er hängt mit dem Abwehrverhalten eines Kindes oder Jugendlichen zusammen.

Manchmal verschließt sich ein Schüler Ihren Ratschlägen gegenüber, und zwar von vornherein.

Die Gründe dafür liegen in der Regel außerhalb Ihres Unterrichts und können von Ihnen nicht beeinflusst werden. Jedenfalls will das Kind oder der Jugendliche zu diesem Zeitpunkt keine Erklärung und keine Führung; der Schüler will seine Ruhe haben und das machen, was er für richtig hält.

Wenn Sie ihn zu diesem Zeitpunkt zu sehr bedrängen – und sei es noch so wohlmeinend – so ist es möglich, dass er sich vollständig verschließt. Das kann bis zur totalen Arbeitsverweigerung über einen ziemlich langen Zeitraum führen.

Je dringlicher Sie versuchen, den Schüler zu einer Verhaltensänderung zu bewegen, desto heftiger wird seine Abwehr sein. Das kann so weit führen, dass der Schüler seine Sachen in der Gegend herumwirft und wütend aus dem Zimmer stürmt. Alles schon erlebt.

Das ist eine Situation, die außerordentlich unangenehm ist. Sie lässt sich nämlich hier und jetzt wahrscheinlich nicht auflösen. Helfen könnte – wenn überhaupt – nur ein totaler Orts- und Tätigkeitswechsel. Also: Anderer Raum, andere Bezugsperson, andere Aufgabe.

Sollten Sie in der glücklichen Lage sein, dass Sie einen pädagogischen Assistenten haben, so können Sie diesen Weg einschlagen. Fraglich bleibt allerdings, ob der dann durchkommt. Es hängt davon ab, wie dicht der Schüler seine Schotten bereits gemacht hat.

Aber selbst wenn in dieser Situation die Karre so verfahren ist, dass es zum gegenwärtigen Zeitpunkt keine Lösung gibt – durch die Trennung vom Rest der Klasse kann wenigstens mit den übrigen Schülern weitergearbeitet werden.

Das ist zwar keine Ideallösung, aber unter den gegebenen Umständen noch die beste. Mögen Sie davon verschont bleiben. Was denn, schon passiert? Und kein PädAss dabei? Seien Sie sich bewusst, dass Sie nicht für alles und jedes verantwortlich sein können. Sie üben einen Beruf aus, der schwierig ist – da geht nicht immer alles glatt. Und machen Sie sich bitte auf keinen Fall ausschließlich selbst dafür verantwortlich, wenn etwas Derartiges geschieht. Mit Selbstvorwürfen tun Sie weder sich noch anderen einen Gefallen.

Nachbereitung als Stimulanz

Willkommen im letzten Kapitel. Sie haben es fast geschafft. Dabei haben Sie eine Menge Informationen aufgenommen, danke dafür. Bitte versuchen Sie nicht, alles auf einmal anzuwenden. Vielleicht sind Sie auch eine Persönlichkeit, bei der einzelne der gegebenen Ratschläge völlig falsch wären. Ich kann Sie hier nur beraten und Möglichkeiten aufzeigen. Ihre Schlachten müssen Sie selbst schlagen.

Also sind Sie jetzt ein glücklicher Lehrer oder Sie waren es vorher schon. Das Leben ist schön.

Sehr schön, bis Sie einen Tag erleben, an dem nichts, aber auch gar nichts stimmt. Total frustriert verlassen Sie das Klassenzimmer und äußern sich im Lehrerzimmer noch mehr oder weniger kurz zu den Geschehnissen. Ob das politisch korrekt formuliert wird, hängt vom Kollegium und von Ihnen ab. Jedenfalls verlassen Sie die Schule und nehmen noch etwas Frust mit nach Hause.

Wenn Sie am nächsten Tag dieser Klasse wieder begegnen und den Restfrust noch im Hinterkopf haben, kann der Tag schwierig werden. Und meine Erfahrung sagt: Es wird mit jedem Tag schwieriger. Am Ende steht dann der Satz: Ich muss ganz schön dumm sein, dass ich in meinem Alter immer noch in die Schule gehe.

Vielleicht ist es nur mir so ergangen. Kollegen haben mir allerdings auch von Burn-out-Syndrom mit Klinikaufenthalt erzählt. Ich schätze, das fällt in die Kategorie gar-nicht-lustig.

Sich aus dieser Grube zu befreien, ist mühsam und dauert lange. Heute, obwohl im Rentenalter, halte ich immer noch freiwillig (!) Nachmittagsunterricht in einer Ganztagesklasse an einer Mittelschule. Die letzten zehn Jahre vor dem Ruhestand habe ich weitgehend genossen.

Wie ist das möglich? Die Menschen in meinem Freundes- und Bekanntenkreis haben ausdrücklich erklärt, dass ich verrückt sein müsse. Schließlich hätte ich mir meinen Ruhestand doch ehrlich verdient.

Das Zauberwort heißt „Nachbereitung". Wie bitte? Sie unterstützen die Anschauung meiner Freunde?

Und außerdem: Wieso gerade Nachbereitung? Ist das nicht dieses manchmal peinliche Gespräch, das der Seminarlehrer mit dem Referendar nach einem Unterrichtsbesuch führt? Oder der jeweilige Chef an der Schule nach einem Unterrichtsbesuch? Und das soll positiv einstimmen? Kurz gesagt: Ja. Hinzugefügt: Wenn Sie es richtig machen.

Also: Fehleranalyse ist notwendig, sowohl bei didaktischen und methodischen als auch bei pädagogischen Fragen. Ohne Fehleranalyse gibt es keine Besserung.

Eine Nachbetreuung, die nur aus Fehleranalyse besteht, macht Sie kaputt. Sie stapeln und verstärken täglich das Gefühl, fehlerhaft zu sein. Am Schluss steht der Eindruck: Versager. Das kann kein Lebensziel sein.

Sie müssen nicht gerade ein Selbstverständnis als GröPaZ (= größter Pädagoge aller Zeiten) aufbauen. Aber Sie sollen sich selbst gut finden. Eine solche Verstärkung wie oben genannt geht nämlich im positiven Sinn genauso wie im negativen.

Kennen Sie das Prinzip des „Glückstagebuchs"? Ja? Anwenden. Nein? Weiterlesen. Ein Glückstagebuch zu führen ist eine hoch wirksame Methode, sein Unterbewusstsein auf „Das Leben ist schön" zu polen. Ich habe es auch schon Schülern empfohlen, die hart am Rande der Depression lebten. Hier ist nur das Problem, den Schüler dazu zu bringen, es über einen längeren Zeitraum gewissenhaft zu führen. Aber das ist ein eigenes Kapitel, das in diesem Buch zu weit führen würde.

Man nehme: Ein Tagebuch. Das kann ein normales Schreibheft sein, sicher. Aber (schönes Leben!) so ein richtig gebundenes Büchlein, womöglich abschließbar, das macht schon mehr her. Das fällt unter „Ich mag mich. Deshalb verwöhne ich mich auch."

Und Sie müssen sich mögen, damit Sie auch Ihre Schüler als volle Persönlichkeit schätzen und führen können. Mit der vollen Persönlichkeit meine ich Sie als Mensch und Lehrer genauso wie die Ihnen anvertrauten Kinder bzw. Jugendlichen.

Wie gehen Sie also vor?

Am Anfang dürfte es am besten sein, wenn Sie sich nach dem Unterricht zu Hause ein paar Minuten Zeit nehmen. Sie sollten nun gezielt nach positiven Erlebnissen in Ihrem Unterricht suchen. Finden müssen Sie drei Stück.

Zu schwer? Drei positive Momente sind zu viel? Dann nehmen Sie zunächst mein Bedauern entgegen. Sie hatten nämlich drei gute Momente, sind es aber nicht gewöhnt, diese zu bemerken. Fangen Sie also mit einem guten Erlebnis pro Tag an. In der zweiten Woche versuchen Sie zwei, ab der dritten drei. Glauben Sie mir: Drei positive Momente gibt es an <u>jedem</u> Schultag. Das müssen keine großartigen Sachen sein.

Das dankbare Lächeln eines Schülers, dem Sie eine wirksame Hilfestellung gegeben haben – das ist so ein Augenblick.

Die souveräne Lösung einer Konfliktsituation kann auch ein guter Moment sein. Vorsicht: Die Betonung liegt auf „souverän". Verwenden Sie die Szene nur, wenn Sie sich dabei zu <u>keinem</u> Zeitpunkt auch nur im Geringsten unsicher gefühlt haben. Positiv ausgedrückt: Sie müssen sich bei der Lösung des Konfliktes zu jeder Zeit als unumschränkter Beherrscher der Situation gefühlt haben.

Sehen Sie das Prinzip? 100-prozentiges Wohlfühlen in der Situation ist das entscheidende Kriterium. Sich-Wohlfühlen bedeutet selbstsicher sein.

Nun, Sie haben Ihre drei Glücksmomente aufgeschrieben. Lesen Sie sich Ihren Text noch einmal durch und legen Sie das Tagebuch an seinen (festen) Platz. (Auch dieser feste Platz ist Bestandteil der Kur. Er unterstützt das Gefühl der Sicherheit.)

Nach einer Woche denken Sie bitte nur noch kurz an die positiven Erlebnisse und erledigen Ihren Tagebucheintrag entweder am Ende Ihrer schulgebundenen Arbeiten oder besser noch am Abend. Abends wird der Eintrag besonders fest im Unterbewusstsein verankert. Diese Erkenntnis ist übrigens uralt. Früher benutzten Gläubige dazu das Abendgebet.

Was geschieht dabei?

Sie werden sich angewöhnen (zumindest ist es mir so ergangen), diesen positiv orientierten Rückblick beim Verlassen des Klassenzimmers zu beginnen. Eine Nachbereitung, die oft nur Sekunden dauert, Sie aber in Richtung „schöner Tag" orientiert. Insbesondere nach Stunden, in denen etwas schiefgegangen ist, ist sie extrem wichtig. Auch in solchen Stunden gibt es positive Momente. Sie werden durch Übung immer besser darin werden, diese zu erkennen.

Beim Eintragen zu Hause wiederholen Sie das Glücksgefühl und vertiefen es damit. Gleichzeitig werden Sie wohl die Einträge der letzten Tage kurz überfliegen. Auch dies wirkt als Verstärkung.

Sie erarbeiten sich mit dieser Erfolgsbilanz eine positive Grundeinstellung zu Ihrer Arbeit und zu Ihren Schülern. Die Wirkung setzt bereits nach drei bis vier Wochen ein.

Sie beginnen, sich täglich auf die Schule zu freuen. Rückschläge – davor ist niemand sicher – werden Sie leichter wegstecken und anfangen, positive Strategien dagegen zu entwickeln – unbewusst und ohne Anstrengung. Noch etwas wird sich bereits nach wenigen Wochen abzeichnen. Sie werden ein Muster bei den positiven Erlebnissen sehen, dessen bin ich mir sicher. Dieses Muster zeigt Ihnen Ihre Stärken. Sobald Sie sich derer bewusst sind, werden sie noch stärker ausgeprägt sein.

Und das Feld der Stärken kann, nein, wird sich im Laufe der Zeit ausweiten. Heute bin ich so an diese Methode der Nachbereitung gewöhnt, dass ich sie täglich im Auto auf dem Weg nach Hause anwende. Meine Frau schüttelt dann gelegentlich den Kopf und fragt beinahe besorgt, ob ich denn wirklich nur positive Erlebnisse beim Nachmittagsunterricht hätte. Wenn es Sie beruhigt: Habe ich nicht. Aber die guten Momente sind mir wichtiger.

Keine Angst, Sie werden sich immer noch auf Ihre wohlverdienten Ferien freuen. Sie werden sie genießen, und zwar mehr als zuvor. Denn nach einem halben Jahr Glückstagebuch werden Sie bei Ferienbeginn zwar erholungsbedürftig, aber nicht ausgepowert sein.

Soll ich jetzt eine Kurzfassung für glückliche, selbstsichere Lehrer versuchen?

Wahren Sie Distanz (Theaterspielen!) und führen Sie ein Glückstagebuch.

Danksagung

In meiner eigenen Schulzeit stand es noch nicht im Lehrplan, dass man als Kind lernen muss, Bitte und Danke zu sagen. Dafür haben damals die Eltern gesorgt.

Darum will ich mich hier in erster Linie bei meiner Frau Susan bedanken, ohne die dieses Buch wohl gar nicht oder zumindest nicht zum jetzigen Zeitpunkt entstanden wäre. Sie hat mir nicht nur die Familie weitgehend auf Abstand gehalten (3-Generationen-Haus), sondern auch unermüdlich meine handschriftlichen Aufzeichnungen in den Computer geklopft. Dabei hat sie sich als scharfsinnige Kritikerin erwiesen, die mir mehr als einen Absatz um die Ohren geschlagen hat: „So kannst du das nicht schreiben!" Als Frau vom Fach hatte sie aber immer konstruktive Vorschläge, wie man etwas darstellen oder formulieren könnte.

Frau Roth vom AOL-Verlag gab mir vom ersten Kontakt weg das Gefühl, ein richtiges und wichtiges Buch zu schreiben. Das war eine schöne Zusammenarbeit und hat gut getan.

Ein breites Feld für Danksagung bieten mir die vielen Kollegen und Schüler, die (nach einem ersten Zusammenzucken) bereit waren, sich mit mir über durchlebte Situationen zu unterhalten.

Vor allem aber danke ich meinen eigenen Lehrern. Ich machte 1968 (!) Abitur in München. Sie haben uns gezeigt, wie man als Lehrer Respekt und Vertrauen von Seiten der Schülerschaft erhält. In vielen Punkten waren und sind sie mir Vorbild.

Literatur

Die hier angegebene Literatur hat mein Leben als lernender Lehrer und dieses Buch nachhaltig beeinflusst.

Attwood, Tony: Asperger-Syndrom: Das erfolgreiche Praxis-Handbuch für Eltern und Therapeuten. Stuttgart: Trias-Verlag 2010.

Berger, Roland: Ist Frontalunterricht wirklich schlecht? Physikdidaktiker untersucht Unterrichtsformen. Pressemitteilung der Universität Osnabrück 203/2006, 27. Juli 2006

Birkenbihl, Vera F.: Sprachenlernen leichtgemacht! Die Birkenbihl-Methode zum Fremdsprachen lernen. Heidelberg: mvg-Verlag 2006.

Birkenbihl, Vera F.: Stroh im Kopf? Vom Gehirn-Besitzer zum Gehirn-Benutzer. Heidelberg: mvg-Verlag 2007.

Caswell, Chris und Neill, Sean: Körpersprache im Unterricht. Techniken nonverbaler Kommunikation in Schule und Weiterbildung. 2., durchges. Aufl. Münster: Daedalus-Verlag 2003.

Dreikurs, Rudolf und Soltz, Vicki: Kinder fordern uns heraus. Wie erziehen wir sie zeitgemäß? 19. Aufl. Stuttgart: Klett-Cotta 2014.

Dreikurs, Rudolf: Psychology in the Classroom. A Manual for Teachers. 2nd ed. New York: Harper & Row 1968 (Deutsch: 3. Auflage 2009).

Enkelmann, Nikolaus B.: Der erfolgreiche Weg. Wie Sie sich und andere zum Erfolg führen. CD-Audiobook. Regensburg: Walhalla und Praetoria 2011.

Gordon, Thomas: Familienkonferenz. Die Lösung von Konflikten zwischen Eltern und Kind. München: Heyne 2012.

Hattie, John: Visible Learning. A Synthesis Of Over 800 Meta-Analyses Relating To Achievement. London: Routledge 2008.

Lehrplan für die bayerische Grundschule. Bayerisches Staatsministerium für Unterricht und Kultus, Juli 2000.

Johnson, Steven: Neue Intelligenz. Warum wir durch Computerspiele und TV klüger werden. Köln: Kiepenheuer und Witsch 2006.

Molcho, Samy: Mit Körpersprache zum Erfolg 3.0. (DVD), 2009.

Neill, Alexander Sutherland: Das Prinzip Summerhill: Fragen und Antworten. Argumente, Erfahrungen, Ratschläge. Reinbek bei Hamburg: Rowohlt 1971.

O'Connor, Joseph und Seymour, John: Neurolinguistisches Programmieren. Gelungene Kommunikation und persönliche Entfaltung. 20., aktualisierte und verb. Aufl. Kirchzarten bei Freiburg: VAK-Verlag 2010.

Rowe, Mary Budd: Relation of wait-time and rewards to the development of language, logic, and fate control. Part One – wait time. In: Journal of Research in Science Teaching 11 (1974), S. 91–94.

van Rooijen, Jeroen: So sollten sich Lehrer kleiden. In: Neue Zürcher Zeitung. Onlineausgabe vom 20.11.2014.

Vester, Frederic: Denken, Lernen, Vergessen. Was geht in unserem Kopf vor, wie lernt das Gehirn, und wann lässt es uns im Stich? Stuttgart: Deutsche Verlags-Anstalt 1975.

Witzig, Hans: Punkt, Punkt, Komma, Strich. Zeichenstunde für Kinder. München: Bassermann 2016.